Wolfdieter Hufnagl

COBRA

Das Gendarmerie-Einsatzkommando GEK

Wolfdieter Hufnagl

COBRA

Das Gendarmerie-Einsatzkommando GEK

Motor buch Verlag

Einbandgestaltung: Luis Dos Santos unter Verwendung
von Vorlagen des GEK und des Autors.

ISBN 3-613-02248-6

1. Auflage 2002
Copyright © by Motorbuch Verlag,
Postfach 103743, 70032 Stuttgart.
Ein Unternehmen der Paul Pietsch-Verlage GmbH & Co.

Lektor: Martin Benz M. A.
Innengestaltung: Marit Wolff
Reproduktionen: digi bild reinhardt, 73037 Göppingen
Druck: Gulde-Druck, 72027 Tübingen
Bindung: E. Riethmüller, 70176 Stuttgart
Printed in Germany.

Inhalt

Kronprinz Abdallah als Oberbefehlshaber der Kgl. Jordanischen Armee sowie zwei hohe jordanische Sicherheitsoffiziere bei der Ausbildung beim GEK 1999. Ein GEK-Hauptmann als »Leitender« überwacht das »Demonstrationsschießen« mit dem Revolver MR 73 Kaliber .357. Es wurde die Wirkung einer Spezialmunition gezeigt. *Foto: Franz Posch*

Grußwort
des Königs von Jordanien

Als ich im Januar 2001 in der Republik Österreich auf Staatsbesuch war, besuchte ich auch das Gendarmerieeinsatzkommando »Cobra«. Was ich dort erlebte, verlieh meinem Besuch einen besonderen Höhepunkt, und ich freue mich, Ihnen zu dem hohen Ausbildungsniveau, der Schlagkraft und den beachtlichen Leistungen Ihres hoch geschätzten Kommandos gratulieren zu können. Darüber hinaus hoffe ich, dass die Streitkräfte Jordaniens mit dem Gendarmerieeinsatzkommando der Republik Österreich im besten Interesse unserer beider Länder zusammenarbeiten werden.

Ich persönlich wie auch das Volk und die Regierung des Haschemitischen Königreichs Jordanien wünschen dem Gendarmerieeinsatzkommando »Cobra« weiterhin Glück und stetigen Erfolg.

Seine Majestät, König Abdallah II. Bin-Al Hussein von Jordanien während seines Besuches beim Gendarmerieeinsatzkommando in Wiener Neustadt 2001.
Foto: Franz Posch

1994 nahm der damalige Kronprinz und Oberbefehlshaber der königlichen Truppen von Jordanien, Abdallah Bin Hussein, an einer Ausbildung beim Gendarmerieeinsatzkommando teil.
Im Januar 2001 stattete er als Abdallah II., König des Haschemitischen Königreiches von Jordanien, zusammen mit seinem Bruder Prinz Ali Bin Hussein (Oberbefehlshaber der Königlichen Sicherheitskräfte) und seiner Schwester dem Gendarmerieeinsatzkommando einen Besuch ab; begleitet vom Bundesminister für Inneres, Dr. Ernst Strasser. Personenschutzübungen, Vorführungen von Seiltechnik am Kletterturm sowie Einsatztak-

tik unter Verwendung von Hunden riefen bei den Mitgliedern der Delegation Begeisterung und Anerkennung hervor. Der Aufbau einer österreichisch-jordanischen Zusammenarbeit ist geplant.
Das Grußwort seiner Majestät zeigt den internationalen Stellenwert des GEK auf.

Geleitwort
des Bundesministers für Inneres

Dr. Ernst Strasser

Seit beinahe 25 Jahren stehen die Profis des Gendarmerieeinsatzkommandos (GEK) für die schwierigsten und heikelsten Einsätze zur Verfügung. Rund um die Uhr und rund um den Kalender werden die Männer und Frauen der »Cobra« für Sondereinsätze in gefährlichen Situationen, zum Schutz des Staates und seiner Bevölkerung, aber auch zur Sicherheit von potenziell gefährdeten Menschen eingesetzt.

Die entscheidende Aufbauarbeit und die effiziente Weiterentwicklung dieser Eliteeinheit wurde vom ersten Kommandanten des GEK, General i. R. Johannes Pechter, sowie von seinem Stellvertreter Oberst i. R. Kurt Werle geleistet.

Der gegenwärtige Kommandant, Brigadier Wolfgang Bachler, sorgt mit modernsten Trainingsmethoden und Einsatzsystemen, aber auch mit stetiger Anpassung und Modifizierung der Einsatzkonzepte dafür, dass die »Cobra« immer unter der Weltelite vergleichbarer Spezialeinheiten zu finden ist.

Ein besonderes Augenmerk wird auf die Zukunft gelegt. Um einer schärferen Kriminalitätsentwicklung und dem veränderten terroristischen Erscheinungsbild wirkungsvoll entgegentreten zu können, wurde die Einheit umstrukturiert und weiterentwickelt.

Die Antiterroreinheit wurde 2002 regionalisiert, und mit der Schaffung von vier Standorten und drei operativen Außenstellen kann die Eliteeinheit »Cobra« in kürzester Zeit jeden Punkt Österreichs erreichen. Gleichzeitig wird die Spezialeinheit auf 370 Beamte aufgestockt. Das ist die Ausgangsbasis, um gefährliche Sondereinsätze zum Schutze der österreichischen Bevölkerung noch besser bewältigen zu können.

Der Wegfall von Staatsgrenzen, die fortschreitende Globalisierung und folgenschwere Ereignisse in der Welt stellen eine neue Herausforderung an unsere Sicherheitskräfte in der Zukunft dar. Um noch präziser handeln zu können, wird die »Cobra« auch international vernetzt sein und kann dadurch ein schnelleres Eingreifen bei grenzüberschreitenden Gefährdungslagen erreichen.

Die top-ausgebildeten Beamten haben bei einer Vielzahl von schwierigen Situationen mit Geiselnahmen und bewaffneten Tätern stets ihre hohe Professionalität beweisen können und ihre Einsätze mit Bravour gelöst. Dafür und für die harte und konsequente Vorbereitung verdient jeder Einzelne unsere volle Anerkennung.

Der Bundesminister für Inneres

Dr. Ernst Strasser

Vorwort
des Kommandanten GEK

Wolfgang Bachler

Der Höhepunkt des internationalen Terrors in den auslaufenden 70er-Jahren des vorigen Jahrhunderts war in Österreich, wie auch in anderen Nationen Europas, der Anlass für die Gründung von Antiterroreinheiten.

Die Kriminalität hatte zu dieser Zeit mit dem ideologisch motivierten Terror eine bis dahin nicht gekannte Qualität erreicht, der mit den herkömmlichen Mitteln und Strategien der Exekutive nicht mehr ausreichend begegnet werden konnte.

So war das Jahr 1978 auch das Geburtsjahr für das Gendarmerieeinsatzkommando, der österreichischen Antiterroreinheit.

Seit den Gründungstagen haben sich sowohl die geopolitische Lage Österreichs aber auch die Erscheinungsformen der Kriminalität entscheidend verändert. Auf diese sich ständig verändernden Umwelten wurde natürlich beim Gendarmerieeinsatzkommando reagiert.

Sowohl die taktische Ausrichtung, die Ausbildungsinhalte, die Führungs- und Einsatzstrukturen, aber auch die Einsatzphilosophie unterliegen einer ständigen Bewertung und wurden bzw. werden ständig weiterentwickelt.

Die »Cobra«, so der Arbeitsname der Einheit, entwickelte sich von einer reinen Antiterroreinheit zu einem multifunktionalen Instrument der österreichischen Exekutive für heikle und gefährliche Sondereinsätze. Der Bogen des Aufgabenrahmens reicht vom Personenschutz im In-und Ausland hin bis zur Beendigung von *Hijacking*-Fällen.

Auch die Ereignisse vom 11. September 2001 und die damit veränderte Bedrohungslage werden vom österreichischen Innenministerium zum Anlass genommen, eine Reform der gesamten österreichischen »Sondereinheiten-Landschaft« unter führender Einbindung der »Cobra« durchzuführen.

Neben der Besorgung von Sondereinsätzen sehen wir beim Gendarmerieeinsatzkommando auch eine große Verantwortung für unsere Kolleginnen und Kollegen auf den Dienststellen der Exekutive in ganz Österreich.

Spezielles taktisches Wissen darf nicht nur innerhalb der Sondereinheiten gehortet werden, sondern muss im Rahmen eines »offenen« dialogischen *Know-how-Transfers* weiter vermittelt werden.

Vor allem richtiges taktisches Einschreiten zum Zwecke der Eigensicherung und der Vermeidung der Gefährdung Unbeteiligter muss gelehrt werden.

Qualitätsmanagement, die Weiterentwicklung der Ausbildungsinhalte und Einsatzabläufe, sowie die Verbindung von taktischem Grundverhalten mit situationsangepasstem Handeln sind eine tägliche Herausforderung.

Viele schwierige Einsätze, die von den Angehörigen des Gendarmerieeinsatzkommandos in den nunmehr 24 Jahren des Bestehens, oft unter Einsatz des eigene Lebens für die Sicherheit unserer Mitbürger durchgeführt wurden, sind erfolgreich beendet worden.

Dafür gilt mein besonderer Dank. Ebenso danke ich für das täglich an den Tag gelegte enorme Engagement der Angehörigen des Gendarmerieeinsatzkommandos.

Der Kommandant GEK

Wolfgang Bachler

Brigadier Wolfgang Bachler

Einführung

Dieses Buch hat sich zum Ziel gesetzt, eine der besten Einheiten der österreichischen Exekutive vorzustellen – das Gendarmerieeinsatzkommando (GEK).

Wie andere Sondereinheiten scheut es aus nachvollziehbaren Gründen das Rampenlicht der Öffentlichkeit. Daher sind die Informationen, die man über die Medien erhält, äußerst dürftig, und diese Tatsache lenkt manche Überlegungen in die falsche Richtung. Wozu braucht man Einheiten wie GEK, WEGA, EE, SEG, und MEK überhaupt? Was machen die denn eigentlich? Fragt sich der Bürger.

Vielleicht sind solche Fragen mit ein Resultat der Geheimniskrämerei, da jahrelang über das GEK und andere Spezialeinheiten offiziell kaum berichtet werden sollte und durfte. Dass sich Österreich aber seiner – in ihren Aufgabenbereichen klar getrennten Sondereinheiten – nicht zu schämen braucht, zeigen deren internationale Erfolge und ihr Renommee.

Bei vergleichenden Wertungen ist in der Regel Vorsicht geboten – es sei denn, sie kommen aus berufenem Munde. So äußerte im Februar 2001 ein *Insider* wörtlich: *»Das Gendarmerieeinsatzkommando ist Europas beste Antiterroreinheit«*. Es handelte sich um keinen Geringeren als den König von Jordanien. Er gründete sein Urteil keineswegs auf Ferndiagnosen: Abdallah durchlief als Kronprinz verschiedene Ausbildungsabschnitte bei einer ganzen Reihe von Spezialeinheiten, darunter dem GEK.

Was der Prinz mit eigenen Augen sah, sei dem Bürger nun in Buchform präsentiert: Ein Einblick in die Welt des Gendarmerieeinsatzkommandos. Die Nabelschau zeigt, dass es sich um ganz normale Frauen und Männer handelt, die dort ihren Dienst versehen. Das Außergewöhnliche an ihrer Tätigkeit lässt sich vielleicht am besten mit der Aussage fassen: Da sie spezielle Aufgaben übernehmen, müssen sie sich besonderen Herausforderungen stellen.

Diese Herausforderungen haben leider keine erfreulichen Ursachen. Der Bogen spannt sich vom Terrorüberfall in Marchegg 1973 bis zu den Balkankriegen der 90er-Jahre, deren Auswirkungen ganz Europa zu spüren bekam. Egal, wie unterschiedlich die Hintergründe auch waren: Die Anwendung von Terror erforderte entsprechende Gegenmaßnahmen von staatlicher Seite. Der 11. September 2001 bestätigte die eingeschlagene sicherheitspolitische Linie in Österreich. Aber dieser Tag bewies in all seiner Tragik gleichermaßen, dass es keine »gelebte Selbstsicherheit« gibt. Konsequenzen mussten gezogen werden. Für das GEK bedeutete dies eine Erweiterung seiner Aufgaben, eine Veränderung der Struktur und eine personelle Aufstockung* ab 1. 7. 2002.

Die Akzeptanz dieser Maßnahmen bei der Bevölkerung ist gegeben, wie auch die Leistungen der Exekutive außer Streit stehen. Bezeichnenderweise gibt es in Österreich kein abwertendes Schimpfwort für die Exekutive oder eine ihrer Sparten!

Ich erhielt die Erlaubnis, beim GEK vor Ort zu recherchieren und unzensiert zu berichten. Die im Abschnitt des Buches *Spezialeinheiten der österreichischen Polizei und Gendarmerie*** begonnene Arbeit konnte so fortgesetzt, vertieft und um wesentliche Gesichtspunkte erweitert werden. Wiederum bestätigte sich, dass beim GEK weder Platz für »Rambos« noch für »Fachidioten« ist, die nur nach vorexerzierten Schemen zu handeln vermögen. Ganz klar – Drill ist wichtig und bestimmte Taktiken müssen bis zum Erbrechen wieder und wieder eingeübt werden, damit im Ernstfall nichts

---

* Nach der Umstrukturierung neue Bezeichnung ab 1. 7. 2002: *Einsatzkommando »Cobra« (EKC)*.

** erschienen im Motorbuch Verlag 1999.

Bei der russischen 106. Luftsturmdivision im Kosovo. Die Fallschirmjäger unterstützen die UNMIK-Polizei und sorgen in ihrem Gebiet für Ruhe und Ordnung.

dem Zufall überlassen bleibt. Doch letztlich sind intelligente, charakterfeste Menschen gefragt, die noch unter extremem Stress selbstständig denken und konsequent handeln können. Unzählige erfolgreich bewältigte Lagen im In- und Ausland bestätigten, dass das GEK mit seiner Auswahl, Ausbildung und seinen Taktiken den richtigen Weg eingeschlagen hat.

Derzeit versehen Beamte des GEK in internationalen Einrichtungen und bei UN-Missionen Dienst. Dies ruft bei anderen »Mitbewerbern« mitunter versteckten Neid und Eifersucht hervor. Bei meinen durch eine NATO/KFOR Akkreditierung ermöglichten Balkan-Stippvisiten konnte ich vor Ort eine sehr hohe Akzeptanz und Kompetenz der Österreicher bestätigt finden. Aber auch ein sehr leise ausgesprochenes Unverständnis über die deutsche Informations-/Medienhandhabung!

Dank

Bei einem derart sensiblen Thema kann der Einzelne allein wenig bewirken. Trotzdem bewahrheitete sich die Weisheit, dass »auch ein kleiner Mann einen großen Kreis schließen kann«. Erwähnen möchte ich nichtsdestoweniger zuerst die »großen Tiere« – die Minister und Politiker in und außer Dienst. Ich danke für das Vertrauen, das sie mir entgegenbrachten und das mir die Arbeit in meinem bevorzugten Stil – nämlich unzensuriert, ungeschminkt und ohne Vorgaben zu berichten – ermöglichte.

Mein besonderer Dank geht an
- den Bundesminister für Inneres
  Dr. Ernst Strasser,
- den Bundesminister für Inneres a. D.
  Mag. Karl Schlögl,
- den Bundesminister für Landesverteidigung
  Herbert Scheibner sowie an
- den High Represetative for Bosnia and Herzegovina *Dr. Wolfgang Petritsch.*

Der neue Kommandant des GEK, Brigadier *Wolfgang Bachler,* ermöglichte mir den unbehinderten Zutritt und Aufenthalt beim GEK. Aber ohne Einführung, Vertrauen und Mitarbeit der Offiziere und Mannschaften wäre es vielleicht nur ein Sachbuch geworden. Fragen wurden ehrlich beantwortet, vieles erklärt, aber auch auf den möglichen Verlust des Schutzes der Beamten und ihrer Techniken/Taktiken bei einer Veröffentlichung hingewiesen. Es war für mich nicht leicht, hier einen unzensierten aber trotzdem informativen Weg zu finden.

Um die Arbeit und Zusammenarbeit der Exekutive mit ihren verschiedenen Einheiten und mit den vielfältigen militärischen Einrichtungen der Exekutivunterstützung umfassend darstellen zu können, organisierte mir die Wehrpolitische Abteilung des Bundesministeriums für Landesverteidigung mit Brigadier *Dr. Wolfgang Schneider,* dem Presse- und Informationsdienst (PID) mit *Mag. Herbert Kullnig,* dem Kommando Internationale Einsätze mit Brigadier *Günter Höfler* und all ihren engagierten Mitarbeitern bis dahin für unmöglich Gehaltenes.

Besonderer Dank gilt auch den österreichischen Bundesheerkommandanten des 2. und 4. Kontingents der *Task Force* Dulje mit ihren jeweiligen Presseoffizieren (die Schweizer nicht zu vergessen) und den Presseunteroffizieren, die meine Wünsche realisierten. Ebenso danken möchte ich Gendarmeriebezirksinspektor *Thomas Riegler,* für mich »langjähriger« Postenkommandant von Suva Reka, der mir einen tiefen Einblick in die Arbeit und internationale Zusammenarbeit im Kosovo bot. Auch den KPS-Beamten, die nach einer kurzen Phase des Kennenlernens auf einmal keinen »*Interpreter*« mehr brauchten und sehr gut deutsch verstanden und auch sprachen.

Nicht vergessen möchte ich natürlich die GEK- und Polizeibeamten, die bei verschiedensten Einheiten im Kosovo, Bosnien und Albanien ihren Dienst versehen und mir ihr Vertrauen schenkten.

Über ihre Leistungen wird in der Heimat nur wenig bekannt: Deutsche »Grenzer« bei der Sicherung einer NATO-Straße mit Radpanzer »Fuchs« bei Kukesh in Albanien. In der Mitte der Autor.

Des Weiteren möchte ich dem Kommandanten und den Soldaten der russischen 106. Luftsturm-division, die damals »frisch« aus Tschetschenien kam, für ihre Unterstützung danken. Die gute Zusammenarbeit wurde durch die Einschätzung des Kommandanten »*Du bist Soldat, wir sind Soldaten, du kannst dich bei uns frei bewegen – wir wissen, dass du nur das schreibst, was du siehst*« ermöglicht. Und ich durfte alles sehen und – wenn es sich ergab – auch buchstäblich mit den Händen greifen. Ebenso danke ich den Führern der im Kosovo eingesetzten deutschen Verbände und Einheiten für die hervorragende Zusammenarbeit und Unterstützung. Leider dringt so manches positive und anerkannte Tun der Bundeswehr und der deutschen Polizei aus Zensurgründen (?) nicht bis nach Deutschland. Mit einem ungeschminkten Artikel in einer deutschen Fachzeitschrift habe ich ansatzweise versucht, einiges gerade zu rücken.

Dank sagen möchte ich auch meiner Frau und meinem Lektor für ihre guten Nerven.

Ausbildung ist wie Rudern gegen einen Strom: Wer aufhört zu rudern, bleibt nicht nur stehen, sondern treibt zurück

Wolfdieter Hufnagl
Strasshof, im April 2002

Aus der Geschichte der Gendarmerie

1814/1815 tagte in der Residenzstadt des Habsburgerreiches der *Wiener Kongress*. Diplomaten der führenden europäischen Staaten bemühten sich, nach der Niederlage Napoleon I. eine neue Ordnung – die oft eine alte war – zu schaffen und »brachliegende« Gebiete unter den Ländern aufzuteilen. Ein weiterer Schwerpunkt des Kongresses war die Wiederherstellung und Neuordnung der »Inneren Sicherheit«, die durch die napoleonischen Kriege schwer gelitten hatte. Diebe und Räu-

ber aller Couleur, die sich zum Teil zu regelrechten Volkshelden mauserten, waren der Obrigkeit allerorts ein Dorn im Auge.

Einer davon war der am 20.4.1790 geborene Niederösterreicher Hansjörg Grasel (eigentlich Johann Georg Grasel), der 1814 aus der Armee, in die er gepresst worden war, desertierte. »Grasl« - eine Art österreichischer Schinderhannes – hatte erkannt, dass er als gewöhnlicher Räuber nicht nur die Obrigkeit, sondern auch die Bevölkerung gegen sich hatte. So sah er es nicht auf die einfachen Leut' ab, mit denen er sich gut stellte, sondern auf die Reichen und Vermögenden. In jenen armen Hungerjahren war dies ein gegenseitiges Nehmen und Geben, wobei die Armen den Grasl vor allem mit Informationen über die Absichten der Obrigkeit

und ihrer Gesetzeshüter auf dem Laufenden hielten. Aber auch *Zunds* (»Nachrichten«; Gaunersprache) über Hausierer, reiche Viehhändler und Kaufleute, die da des Weges zogen, wurden dem Grasl zugetragen, der dank dieser Hinweise die »Gstopften« nach Kräften schröpfte. Dabei beging Grasl nie einen Mord oder Totschlag. Kurzum, der Grasl und seine Bande bewegten sich »wie ein Fisch im Wasser«, und selbst ein Mao Tse-Tung oder ein Ho Tschi Minh wären, hätten sie damals schon gelebt, ob der vorbildlichen Befolgung ihrer Maxime vor Neid erblasst. Nach Polizeiangaben betrug allein die Beute der Jahre 1815 und 1816 umgerechnet an die 40.000 Euro. Die Polizei wurde zum Gespött der Leute, denn was sie auch unternahm – der Grasl und seine Spießgesellen wurden immer rechtzeitig gewarnt und entzogen sich jedem Zugriff. Das »Raubsgesindel« stiftete schließlich so viel Verwirrung und sorgte für immer größere Unruhe, dass es selbst Kaiser Franz I. zu bunt wurde. Er schrieb zunächst eine Kopfprämie von 4000 Gulden aus und dann allergnädigst aber doch höchst unwirsch an seine Gesetzeshüter: »*Ich halt so lang nichts von meiner Polizei, als sie nicht den Grasel erwisch*«.

Mit den üblichen Fahndungsmethoden war der Landplage nicht beizukommen, zumal die Polizei zwar für die Städte, nicht aber für das Land einen »Auftrag« hatte und auch bei der Bevölkerung nicht anerkannt war. So versuchte man es schließlich mit einer »verdeckten Ermittlung« und schleuste einen angedienten Spitzel in die Wasenmeisterei in Horn ein, in der Grasel aus- und einging. Es handelte sich um den bankrotten jüdischen Getränkehändler David Majer, der sich als Räuber ausgegeben hatte, um an das Kopfgeld zu kommen. Über Mitteilung Majers wurde ein geplanter Überfall am 19. November 1817 in der Nähe von Horn vereitelt, Grasel verraten und verhaftet. Fünf Monate später wurde er mit einigen seiner Kumpane in Wien öffentlich gehängt. Seine letzten Worte waren: »*Der Tag fängt ja schon gut an!*«

Das Versagen der Polizei im Fall Grasel und die Unruhen von 1849 führten im Habsburgerreich schließlich zur Schaffung einer Gendarmerie *(Gens*

Auf US-Lkw verlastete B-Gendarmerie in Wels 1952.
Foto: Maximilian Hölzl

15

d'armes = bewaffnete Leute) nach französischem Vorbild. Sie hatte für das zu sorgen, was man mit heutigen Worten als *innere Sicherheit* umschreibt und war Exekutivorgan für die Gerichte, die Staatsanwaltschaft sowie die Landes- und Bezirksbehörden.

Der neue »Wachkörper« wurde ausschließlich nach militärischen Grundsätzen eingerichtet und orientierte sich in Dienstreglement, Dienstbetrieb sowie in der Vollziehung sicherheitsdienstlicher Weisungen am k. k. Militär.

Der österreichisch-ungarische Ausgleich 1867 unterteilte die bis dahin einheitlich geführte Gendarmerie in die *Königlich ungarische* und die *K. K. österreichische Gendarmerie*.

Nach dem Einmarsch der k. k. Truppen in Bosnien und der Herzegowina 1878 wurde zur Sicherung der Grenzen und des Grenzkordons gegen Montenegro ein der k. k. Armee unterstehendes Streifkorps geschaffen. Die Einheimischen nannten die in karstgrauen (Tarn-)Uniformen und ohne Rangabzeichen nach landesüblicher Art und Weise kämpfenden Soldaten bald ehrfurchtsvoll »Graue Falken«. Die Farbe »Karstgrau« wurde 1925 in »Eisengrau« umbenannt und war ab diesem Zeitpunkt offizielle Uniformfarbe der Gendarmerie.

Die Gendarmerie ab 1945

Noch bevor der 2. Weltkrieg in Europa zu Ende ging, wurde am 27. April 1945 die Republik Österreich durch Proklamation der politischen Parteien wiederhergestellt und im StGBl. Nr. 1 aus 1945 kundgemacht.

Es wurde eine provisorische Staatsregierung in Wien eingesetzt, der die volle(!) Gesetzgebungs- und Vollzugsgewalt übergeben wurde (unter wohlwollender Duldung durch die sowjetischen Besatzungstruppen – Wien war russische Besatzungszone). Die provisorische Staatsregierung beschloss mit Verfassungsgesetz (Verfassungsgesetz ab 2/3 Mehrheit) vom 1. Mai 1945 (StGBl. Nr. 4) das so genannte *Verfassungs-Überleitungsgesetz,* auf Grund dessen die Bundesverfassung von 1929 mit den Verfassungsbestimmungen nach dem Stande der Gesetzgebung vom 5. März 1933 wieder in Wirksamkeit gesetzt wurde. Am 19. Dezember 1945 fand die erste Sitzung des auf Grund der Neuwahlen zusammengetretenen Nationalrates statt, von diesem Tag an gilt daher das Bundesverfassungsgesetz 1929 ohne jede Einschränkung.

Die volle Souveränität und Unabhängigkeit erhielt Österreich aber erst durch den Staatsvertrag

Römer

Jedes geordnete Staatswesen besitzt Organe, deren Aufgabe es ist, Ruhe, Ordnung und Sicherheit aufrecht zu erhalten und die Einhaltung der geltenden Gesetze zu überwachen. Im alten Rom hatten die *Quästoren,* denen die Kriminalgerichtsbarkeit oblag, und die *Ädilen* (Beamte des *Tribunen* für die Aufgaben der Lokalpolizei) Gehilfen, denen die Ausforschung und die Festnahme von Gesetzesbrechern zukam. Auch die *Liktoren,* die den Konsuln bei feierlichen Aufzügen voranschritten und Rutenbündel mit Beilen als Symbole der richterlichen Gewalt trugen, gehörten kraft Amtes zu den Sicherheitsorganen. In der Kaiserzeit übernahmen *Latrunkulatoren* die Rolle der Gesetzeshüter.

Germanen

Bei den germanischen Stämmen war die Ausforschung und Festnahme von Gesetzesbrechern Sache der Sippe. Über den Übeltäter wurde dann bei einem Hundertschaftsgericht Recht gesprochen.

Im Reich Karl des Großen sorgten eigens Gruppen bewaffneter Reiter, die vom jeweiligen Gaugrafen gestellt werden mussten, für die Sicherheit vor allem auf den Landstraßen, wenn man die damaligen unbefestigten Reisewege so nennen will. Sie waren damit die erste »Autobahngendarmerie«.

Nach der Teilung des Frankenreiches fiel der östliche Teil – das spätere deutsche Reich mit seinen Ostmarken – in das Fehdewesen zurück. Der Ursprung dieses Fehdewesens kommt aus dem Altdeutschen und besagt, dass man sich – ohne ein Gericht anzurufen – selbst durch Selbsthilfe Sühne verschaffen konnte und durfte.

Dieses Fehderecht wurde im Mittelalter durch den Einfluss der Geistlichkeit auf bestimmte Tage der Woche zurückgedrängt.

Kaiser Heinrich III. gebot einen allgemeinen Land- und Reichsfrieden und ging mit unerbittlicher Strenge gegen Übeltäter vor. Nach seinem Tod lebte das Fehdewesen wieder auf und aus einer Schwäche der Gerichtsbarkeit heraus entstand das Faustrecht. Dieses Faustrecht trat bereits bei nichtigen Anlässen in Kraft, war jedoch auf waffenberechtigte Personen beschränkt und unterlag bestimmten Formen und Regeln. Raubritter hielten sich beispielsweise nicht an diese Regeln.

Freie Grundherren hatten je nach der Größe ihres Grundes ihrem Lehnsherrn eine bestimmte Anzahl von Kriegern und Ausrüstung zu stellen. Viele konnten das nicht und unterstellten sich größeren Grundbesitzern oder Klöstern und wurden damit unfrei. So ging die Gerichtsbarkeit auf die Gutsherren und Klöster über. Sicherheit und Gerichtsbarkeit wurde durch bestellte Vögte (Reichsvögte, Burggrafen) und deren Gehilfen ausgeübt.

Freie Bürger wurden in den Städten als Stadtmannen (Stadtherren) zur Beratung in Polizei und Verwaltungsangelegenheiten herangezogen.

In den freien Städten sorgte ein Stadthauptmann, dem die Stadtknechte unterstanden, für die öffentliche Sicherheit.

Auf dem Lande schaute es dagegen mancherorts schlecht aus. Kaufleute bildeten in unsicheren Zeiten Karawanen, die sie von Söldnern bewachen ließen. Aus dem Mangel an Sicherheit heraus entwickelten sich Fehmegerichte mit ihren Geheimbünden.

Im 16. Jahrhundert wurde wieder das Römische Recht eingeführt.

Der Gerichtsgang wurde bisher schriftlich und mündlich (kasuistisch) geregelt, nun schriftlich und geheim.

Rechtsgelehrte schöpften das Urteil. Die ersten Strafgesetzbücher sind von Maximilian I. und datieren mit 30. November 1499. Die Landgerichtsordnung für das Erzherzogtum unter der Enns stammt vom 21. August 1514.

Durch das Fehlen geschulter Sicherheitskräfte kam es zur Beweiserbringung durch die (geregelte) Folter.

Um nach den Wirren des 30-jährigen Krieges wieder eine Rechtssicherheit herzustellen, schuf Kaiser Ferdinand III. ein *Portatschen* genanntes Freikorps. Die *Portatschen* rekrutierten sich aus Bewohnern der Slowakei und der Walachei und hatten eine Stärke von über 100 Mann. Da sich das Korps bewährte, wurde es 1717 neu organisiert und gliederte sich nun in sechs Korporalschaften zu je einem Korporal und neun Mann. Ein Leutnant und zwei Wachtmeister waren mit der Kontrolle betraut.

Den zugewiesenen Überwachungsbezirk patrouillierte die Hälfte einer Korporalschaft einen Monat lang ab, um danach abgelöst zu werden.

Angehörige der B-Gendarmerie im Manöver. Sie tragen den deutschen Stahlhelm 35 und sind mit Karabinern 98k bewaffnet. Das Funkgerät SCR 536 (links) ist US-amerikanischen Ursprungs. *Foto: Maximilian Hölzl*

vom 15. Mai 1955, der am 27. Juli 1955 in Kraft trat. In diesem Vertrag war auch geregelt, dass die Besatzungsmächte – Sowjetunion, USA, Frankreich, Großbritannien – innerhalb von drei Monaten Österreich verlassen mussten. Daher wird jetzt der Nationalfeiertag am 26. Oktober gefeiert, an dem der letzte fremde Besatzungssoldat Österreich verließ.

Am 26. November 1955 wurde durch das Bundesverfassungsgesetz die immerwährende Neutralität erklärt.

Das Landesgendarmeriekommando Niederösterreich schrieb unter der E. Nr.: 2111 Adj. am 7. August 1945 eingetragen unter E. Nr.: 234/1445 (E= Evidenz – Anm. d. Autors).

... Das Militärkommando Niederösterreich (August 1945! Anm. d. Autors) ist von der Staatskanzlei-Heerwesen beauftragt, die Erfassung aller ehemaligen Soldaten des Landes Niederösterreich, die im alten Bundesheer oder der ehemaligen deutschen Wehrmacht aktiv gedient haben und gewillt sind, am Wiederaufbau der demokratischen Republik Österreich mitzuhelfen, durchzuführen ...

Mit alliiertem Beschluss vom 10. 12. 1945 wurde die Aufstellung eines gesamtösterreichischen Bundesheeres untersagt und das »Heerwesen« mit seinem Heeresamt sofort verboten. Es blieb daher nur die in den vier Besatzungszonen getrennt arbeitende Exekutive als Sicherheitsgarant. Kommunistisch orientierte »Beamte«, die von den in Jugoslawien unter dem Kommunisten Franz Honner aufgestellten vier österreichischen **Freiheitsbataillonen** in die Exekutive überwechselten oder einsickerten, wurden jedoch auf »österreichische Weise« bis Ende 1946 zum Leidwesen der russischen Besatzungsmacht wirksam isoliert. Deshalb waren Verschleppungen von Exekutivbeamten durch die sowjetischen Behörden nicht selten. Im Dezember 1955 kehrte der letzte Gendarmeriebeamte nach zweimaliger Verurteilung zum Tode nach Österreich zurück.

Aus verschiedensten Gründen forderten die drei westlichen Besatzungsmächte österreichische Ordnungstruppen für ihre jeweiligen Besatzungszonen. Dafür kam nur die Gendarmerie mit ihrem paramilitärischen Charakter in Frage. Um dies gegenüber den Sowjets zu verschleiern, wurden in den Besatzungszonen – auch der russischen – Gendarmerieschulen geschaffen. Hier fielen eine

oder zwei kasernierte Gendarmerie-Kompanien (später Alarmkompanien) nicht besonders auf.

Die neu aufgenommenen »Gendarmen« waren jedoch nur Vertragsbedienstete, die man auf zwei bis drei Jahre verpflichten wollte. Nach 1955 (siehe Kasten Seite 22) sollten sie dem neu aufgestellte Bundesheer als Kader dienen.

Nach Unruhen in der russischen Besatzungszone reagierte die österreichische Bundesregierung rasch und stellte ein Bataillon kasernierter Gendarmerie auf. Diese Einheit war in der Gendarmerieschule des Bundesministeriums für Inneres (BMI), am Rennweg in Wien 3, kaserniert.

Unmittelbar bevor die von den Kommunisten geschürten Unruhen ausbrachen, hatten die Engländer die Gebäude geräumt. In desolatem Zustand war die Kaserne der Gendarmerie übergeben worden.

Vordringlichste Aufgabe dieser kasernierten Gendarmerieschule des BMI war der Schutz der Bun-

Amerikanischer Panzerspähwagen im Einsatz bei der B-Gendarmerie 1952. Die 3,7 cm Bordkanonen wurden von den Amerikanern nicht ausgegeben, das Turm-MG jedoch belassen. *Foto: Maximilian Hölzl*

desregierung bei eventuellen Unruhen. In weitestem Sinne waren dies die Vorläufer, die Jahrzehnte später zur Personenschutzabteilung des GEK führten. Heute wird der gesamte Personenschutz der Bundesregierung vom GEK durchgeführt.

Das »Aufgebot«

Vor 1949 arbeiteten die Amerikaner ohne Wissen der österreichischen Regierung ein geheimes Projekt aus, das sich *Aufgebot* nannte. Es sah vor, alle wehrfähigen Männer der westlichen Besatzungszonen und der noch in Amerika gefangen gehaltenen österreichischen Angehörigen der deutschen Afrika-Verbände bei einem eventuellen militärischen Vordringen der Sowjets nach Nordafrika zu verbringen, um sie dort zu einem militärischen Verband unter US-Führung zu schmieden. Da bekanntlich eine Truppe ohne Vorschriften nie zu einer schlagkräftigen Truppe wird, übersetzte ein in den USA gefangener Oberst der Wehrmacht, vor 1938 Offizier des österreichischen Bundesheeres, die gängigen US Vorschriften ins »Österreichische« (er verwendete Begriffe aus dem ersten österreichischen Bundesheer und nicht die der Wehrmacht, weshalb sie nur Eingeweihte verstanden). Diese Vorschriften, nunmehr mit deutsch/österreichischem Text – die Bilder wurden nur zusätzlich zu den amerikanischen Erläuterungen »interpretiert« – kamen ab 1950 zur Truppe. Gerade noch rechtzeitig, um die nunmehr angelaufene US-Waffenhilfe für die Franzosen in Indochina zu unterstützen (die nebenbei auch die Verhinderung einer anlaufenden eigenständigen französischen Waffenfertigung zum Ziel hatte). Denn diese US-Vorschriften mit deutschem Text sollten den Franzosen letztlich dabei helfen, ihre für Indochina bestimmten deutschsprachigen Fremdenlegionäre an US-

Gerät auszubilden, auf das die im 2. Weltkrieg arg gebeutelte Armee der »*Grande Nation*« damals angewiesen war.

Ein Auszug aus dem geheimen US-Plan in Sachen *Aufgebot*, mit dem die Österreicher beglückt werden sollten, lautete im Originaltext:
»*Circumstantial evidence strongly suggests that a second CIA projekt provided clandestine funding for Austrian labor leader Frant Olah's* effort to organize an anti-Communist cadre of war veterans, and to train and equip them with plastique explosive and automatic weapons . . .*«

Für das »Aufgebot« wurde in den westlichen Besatzungszonen Österreichs eine entsprechende Menge an US-Technik und Nachschubgütern eingelagert, gewartet und bereitgehalten. 1955 wurde ein großer Teil dieser US-Technik mit den aus Österreich in die Bundesrepublik abziehenden US-Truppen verlagert und später beim Aufbau der neu geschaffenen Bundeswehr verwendet.

Aber zurück nach Österreich. Am 9. März 1949 beschloss der Ministerrat eine Aufstellung von zusätzlichen 1000 Gendarmen »über dem Stand« (wiederum Vertragsbedienstete). Das dürfte der Anfang der so genannten *B-Gendarmerie* gewesen sein.

Die Bezeichnung *B-Gendarmerie* ergab sich aus einer gebräuchlichen Zählfunktion, die statt Ziffern Buchstaben verwendete (A = 1, B = 2 usw.). Unter **A** verstand man die »normale«, unter **B** die neue Gendarmerie, aus der dann in weiterer Folge 1955 die *Grenzgendarmerie* und schließlich das Bundesheer hervorgingen.

Vielerorts unbekannt ist die Tatsache, dass Jugoslawien erst am 19. Januar 1951 den Kriegszustand mit Österreich(!) für beendet erklärte, nachdem bis Juni 1949 die Sowjetunion diese Ansprüche unterstützt hatte. Die UdSSR hatte andere

---

* Franz Olah war der Chef der Bauarbeitergewerkschaft (später Innenminister), die 1950 bei der Niederschlagung des kommunistischen Putschversuches, der anlässlich des 4. Lohn- und Preisabkommens von den Kommunisten vom Zaun gebrochen wurde, »tatkräftig« mithalf.
So schnitten sich z. B. Wiener im nahegelegenen Wienerwald handliche Knüppel, mit denen sie die von den Sowjets entwaffnete Exekutive ausrüsteten. Bauarbeiter hal-

fen mit ihren Fahrzeugen und auf andere Weise. In den westlichen Besatzungszonen war man von der Situation überrascht und hilflos. Franz Olah schrieb in seinen Memoiren: »*. . . wir hatten da noch ganz andere Sachen*«. Vermutlich meinte er die von den Sozialisten in der 1. Republik versteckten und nie mehr aufgetauchten Waffen, die 1934 die Polizei suchte (die Gestapo nicht fand), und dass diese Suche damals zum Bürgerkrieg (Februar 1934) führte . . .

Sorgen, und in Österreich lief nicht alles so wie in den anderen Ländern. Dazu trug auch wesentlich die »österreichische« Standfestigkeit und Verbundenheit der österreichischen Exekutive (Polizei und Gendarmerie) mit der Bevölkerung bei.

In den westlichen Besatzungszonen wurden – vermutlich auf Drängen der Besatzungsmächte – nun raschest so genannte MU-Einheiten *(Mobil Units)* aufgestellt. Der Zweck dieser MU-Einheiten lässt sich aus den Übungslagen ab 1951 herauslesen: Kampf gegen bewaffnete Banden, Gefangennahme ausgebrochener Häftlinge etc.

Eine MU-Einheit, eigentlich ein Verband in Bataillonsstärke, bestand aus einem Bataillonsstab zu 56 Mann, zwei motorisierten Schützenkompanien zu je 182 Mann und einer Fahreinheit (Halbkompanie) zu 82 Mann. Ab 1. 9. 1952 vollzog sich die Trennung zwischen A- und B-Gendarmerie. Aus den MU-Einheiten wurde unter der Führung von ehemaligen Bundesheer- und Wehrmachtsoffizieren die *B-Gendarmerie*. Ihre Angehörigen trugen weiter die Gendarmerieuniform, jedoch schon mit militärischen Attributen. Die Trennung in der 18-monatigen Ausbildung ging so weit, dass B-Gendarmen, die 1955 wieder zurück zur A-Gendarmerie wollten, zwar bevorzugt, aber dennoch wie neu aufgenommene Rekruten behandelt wurden.

Einige MU-Gendarmeriebeamte erhielten ab 1952 vorsorglich eine Pilotenausbildung. Später wurde dann aus diesem Kader der Flugrettungsdienst des BMI geschaffen.

Viele B-Gendarmen wollten zur Gendarmerie und nicht zum Militär. Daher kam es nach der Mutation der B-Gendarmerie zum Bundesheer zu einer massiven Austrittswelle. Die Vertragsbediensteten schrieben in der Regel mehrere verschiedene Aufnahmsgesuche für staatliche Dienste wie Polizei, Gendarmerie, Zoll und Eisenbahn. Wer von den Angeschriebenen zuerst antwortete, erhielt meist den Zuschlag.

Das Gendarmerie-Musikkorps Wien-Niederösterreich während der Fahnenweihe in Linz-Ebelsberg, Frühjahr 1952.
Foto: Maximilian Hölzl

Kaiser Karl

Hartnäckig hält sich das Gerücht, ein hochrangiges Mitglied des Hauses Habsburg habe bei der B-Gendarmerie gedient. Anhand von Dokumenten, die über jeden Zweifel erhaben sind, kann dieses Geheimnis jetzt gelüftet werden. Es ist eine Tatsache: *Kaiser-Karl* hat bei der B-Gendarmerie gedient! Er gehört zu jenen Gendarmen, die 1955 aus bereits genannten Gründen »auf eigenes Ansuchen« wieder ausschieden. Ob es sich dabei um den 1918 abgedankten Kaiser Karl I. handelt, bleibt allerdings weiter fraglich...

Kaiser Karl 1953 als Grenzjäger.

Unten: Kaiser Karl (ganz links) mit Kameraden.

Unten: Der untrügliche Beweis: Dienstzeugnis des Kaiser Karl, der vom 15. 7. 1953 bis zum 1. August 1955 »gewissenhaft und pflichtbewußt« bei der prov. Grenzschutzabteilung Nr. 3 diente.

4. Unterabteilung
prov. Grenzschutzabteilung Nr.3

BESTÄTIGUNG.

Grenzjäger I.Klasse K a i s e r Karl, geboren am 21.10.1935, rückte am 15.7.1953 zur damaligen Gendarmerieschule Steiermark I ein und hat in der Zeit vom 25.Mai 1955 bis 31.Juli 1955 seinen Dienst bei der ho. Unterabteilung versehen.

Er ist seinen Dienstobliegenheiten stets gewissenhaft und pflichtbewußt nachgekommen und wurde bei der Unterabteilung als Kraftfahrer verwendet.

Sein in - und außerdienstliches Verhalten war einwandfrei und er führte die ihm aufgetragenen Aufgaben zur Zufriedenheit des Unterabteilungskommandos durch.

Kaiser scheidet mit Wirkung vom 1. August 1955 auf eigenes Ansuchen aus dem Dienst der provisorischen Grenzschutzabteilung Nr. 3 aus.

Straß, am 18. August 1955

Der Unterabteilungskommandant.

Behördenaufbau in Österreich

Österreich ist ein Bundesstaat und daher kommt die Staatsgewalt teilweise dem Bund und teilweise den Ländern zu. Sie unterteilt sich in drei unabhängige und getrennte Institutionen:

- Die Gesetzgebung durch Bund und Land,
- die Gerichtsbarkeit durch unabhängige Richter (nur Bund) und
- die weisungsgebundene Verwaltung.

Die Über- und Unterordnung der Behörden regelt die Bundesverfassung.

Rechtsträger sind der Bund, die Länder, die Gemeinden und andere Selbstverwaltungskörper (Kammern, Religionsgemeinschaften).

Die Organisationsgewalt besteht in der Befugnis, Vollzugsorgane einzurichten, zu erhalten und anzuweisen.

Eine Dienststelle, ein Amt ist eine planmäßige, rechtlich geregelte Stelle, die zur Durchführung bestimmter öffentlicher Aufgaben berufen ist.

Ein Organ ist jene physische Person, die für diese Dienststelle tätig ist.

Zum Beispiel bei einer Gemeinde, der u. a. die Besorgung der behördlichen Aufgaben auf dem Gebiete der »Gemeindepolizei« (Art. 118/3 B.V.G.) obliegt: Der Rechtsträger ist die Gemeinde, das Amt ist das Gemeindeamt und das Organ ist eine im Gemeindeamt tätige Person.

Vorkehrungen für Sicherheit und Ordnung im Staat

Die Sorge für die Sicherheit des einzelnen Staatsbürgers sowie des gesamten österreichischen Staatsgebietes liegt in den Händen der österreichischen Sicherheitsbehörden und im militärischen Bereich des österreichischen Bundesheeres.

Exekutivorgane

Alle mit polizeilichen Aufgaben betrauten Behörden benötigen Exekutivorgane, die den von der Behörde angeordneten Zwang ausüben. Diese Organe sind weder einzeln noch in ihrer organisatorischen Zusammenfassung Behörde, sondern nur deren Hilfsorgane.

Unter Polizei versteht man Verwaltungstätigkeit zur Abwehr von Gefahren. Diese Tätigkeit wird nicht nur von Sicherheitsbehörden ausgeübt.

Verwaltungspolizei (Abwehr von individuellen Gefahren) ist polizeiliche Tätigkeit zur Abwehr von Gefahren auf den einzelnen Gebieten der Verwaltung wie z. B.: Gewerbepolizei, Baupolizei, Verkehrspolizei, Marktpolizei, Lebensmittelpolizei, Gesundheitspolizei usw.

Allgemeine Sicherheitspolizei (Abwehr allgemeiner Gefahren) ist polizeiliche Tätigkeit zur Abwehr und Unterdrückung der allgemeinen Gefahren für Leben, Gesundheit, Sicherheit, öffentliche Ruhe und Ordnung im Inneren.

Bestimmte örtlich gebundene Angelegenheiten sind aus der staatlichen Polizei herausgenommen und den Gemeinden übertragen. (Ortspolizei, Gemeindepolizei u. a. örtliche Marktpolizei, usw.)

Das Bundesministerium für Inneres (BMI)

Das Bundesverwaltungsgesetz (BVG) regelt auch hier Organisation und Zuständigkeiten

§ 6 (1) Die Organisationseinheiten des BMI, die Angelegenheiten der Sicherheitsverwaltung besorgen, bilden die Generaldirektion für öffentliche Sicherheit.

(2) Die der Generaldirektion für öffentliche Sicherheit gegebenen oder zugeteilten Organe des öffentlichen Sicherheitsdienstes versehen für den Bundesminister für Inneres Exekutivdienst.

(3) Der Bundesminister für Inneres kann im Einvernehmen mit dem Hauptausschuss des Nationalrates mit Verordnung für Zwecke einer wirksamen Bekämpfung organisierter Kriminalität oder, wenn wegen der hiezu gegen Menschen und Sachen allenfalls erforderlichen Zwangsgewalt eine besondere Ausbildung erforderlich ist, zur Beendigung gefährlicher Angriffe aus Organen gem. Absatz 2 Sondereinheiten bilden und ihnen die ausschließliche oder schwerpunktmäßige Wahrnehmung dieser Aufgaben im gesamten Bundesgebiet auftragen. Dies gilt nicht für Sondereinheiten, die am 1. Juli 1997 bereits bestanden haben.

Bis 31. Dezember 1997 lautete § 6 (3)

Für Zwecke einer wirksameren Bekämpfung organisierter Kriminalität kann der Bundesminister durch Verordnung Sondereinheiten bilden und ihnen die ausschließliche oder schwerpunktmäßige Wahrnehmumg dieser Aufgaben im gesamten Bundesgebiet übertragen ...

Derzeit bestehen folgende Sondereinheiten:

- Die Einsatzgruppe zur Bekämpfung der Suchtgiftkriminalität (EBS)
- Die Einsatzgruppe zur Bekämpfung des Terrorismus (EBT)
- Das Gendarmerieeinsatzkommando (GEK)
- Die Einsatzgruppe der Gruppe D zur Bekämpfung der Organisierten Kriminalität (EDOK)

Um Fehlinterpretationen zu vermeiden, wird hier das *Sicherheitspolizeigesetz (SPG)* in Ausschnitten zitiert.

2. Hauptstück

§ 2 (1) Sicherheitsverwaltung obliegt den Sicherheitsbehörden.

(2) Die Sicherheitsverwaltung besteht aus der Sicherheitspolizei, dem Pass- und Meldewesen, der Fremdenpolizei, der Überwachung des Eintrittes in das Bundesgebiet und des Austrittes aus ihm, dem Waffen-, Munitions-, Schieß- und Sprengmittelwesen sowie aus dem Pressewesen und den Vereins- und Versammlungsangelegenheiten.

§ 3 Die Sicherheitspolizei besteht aus der Aufrechterhaltung der öffentlichen Ruhe, Ordnung und Sicherheit, ausgenommen die örtliche Sicherheitspolizei und aus der ersten allgemeinen Hilfeleistungspflicht.

... Schutz vor Straftaten gegen die Sicherheit von Zivilflugzeugen. (usw.)

§ 5 (1) Besorgung des Exekutivdienstes

Die Organe des öffentlichen Sicherheitsdienstes versehen für die Sicherheitsbehörden den Exekutivdienst.

(2) Organe des öffentlichen Sicherheitsdienstes sind Angehörige der:

- *Bundesgendarmerie*
- *der Bundessicherheitswachekorps*
- *der Kriminalbeamtenkorps*
- *der Gemeindewachkörper*

sowie des rechtskundigen Dienstes bei Sicherheitsbehörden, wenn diese Organe zur Ausübung unmittelbarer Befehls- und Zwangsgewalt ermächtigt sind.

Die Bundespolizei

Die wichtigsten Tätigkeitsgebiete der Polizei sind:

- Staatspolizeiliche Aufgaben,
- kriminalpolizeiliche Aufgaben und
- ordnungspolizeiliche Aufgaben.

Als Organisationsgrundlage der *Bundessicherheitswache* wird häufig das Organisationsstatut der Sicherheitswache, Ministererlass vom 26. Februar 1914, Zl.: 2026/MI, betrachtet. Danach ist die Bundessicherheitswache ein uniformierter, bewaffneter, nach militärischem Muster organisierter Zivilwachkörper, der die Behörden in der Aufrechterhaltung der öffentlichen Ruhe, Ordnung und Sicherheit sowie die Handhabung der bestehenden Gesetze und Verordnungen zu unterstützen hat.

Die Polizei untersteht in den meisten Belangen der Generaldirektion für die öffentliche Sicherheit im Bundesministerium für Inneres (BMI). Dieser Generaldirektion unterstehen in den einzelnen Bundesländern *Sicherheitsdirektionen*.

Es gibt jedoch Ausnahmen, wie etwa im Straßenpolizeiwesen. Dort sind die 2. Instanz die jeweilige Landesregierung und die 3. Instanz das zuständige Bundesministerium.

Die Bundessicherheitswache gliedert sich in *Wachekorps*, die den Bundespolizeibehörden beigegeben sind. Der *Bundessicherheitswache* fehlt die bei der *Bundesgendarmerie* in gewissem Maße vorhandene organisatorische und funktionelle Selbstständigkeit; deshalb stimmt der Aufgabenbereich der Bundessicherheitswache mit jenem der vorgesetzten Bundespolizeibehörde überein, soweit Gesetze nicht die Mitwirkung des Wachkörpers in bestimmten Angelegenheiten auch ohne die Zuständigkeit der Bundespolizeibehörde selbst normieren.

An der Spitze der den Bundespolizeibehörden beigegebenen Sicherheitswacheabteilungen steht das *Zentralinspektorat* mit einem Zentralinspektor bzw. in Wien das Generalinspektorat mit dem Generalinspektor.

Gemeindewachen sind Exekutivorgane, die organisatorisch den Gemeinden angehören. Derzeit bestehen in etwa 45 Gemeinden Gemeindewachen. § 5 Abs 2 SPG zählt nicht die Angehörigen aller Gemeindewachen zu den »Organen des öffentlichen Sicherheitsdienstes« sondern nur jene, die als Wachkörper im Sinne von Artikel 78d Abs 1 BVG organisiert sind. Die Angehörigen der Gemeindewachen und Gemeindewachkörper haben das SPG (derzeit) nicht anzuwenden.

Rechtskundiger Dienst
Angehörige des rechtskundigen Dienstes sind allgemein die bei einer Behörde dienstversehenden (und als solche bestellten) Juristen.

Die bei den Sicherheitsbehörden dienstversehenden Juristen sind zugleich Organe des öffentlichen Sicherheitsdienstes, wenn sie zur Ausübung unmittelbarer Befehls- und Zwangsgewalt ermächtigt sind.

Kriminalpolizei
§ 1 Organisationsstatut der Kriminalbeamten, Ministererlass vom 26. Februar 1914, Zl.: 2027/MI *Die Kriminalbeamtenkorps sind nicht uniformierte Wachkörper, die die Behörden in der Aufrechterhaltung der öffentlichen Ruhe, Ordnung und Sicherheit, ferner in der Handhabung bestehender Gesetze und Verordnungen durch die Versehung des Exekutivdienstes zu unterstützen haben.*

Die einzelnen Wachekorps sind den Bundespolizeibehörden beigegeben. Primär sind Angehörige des Kriminalbeamtenkorps mit Aufgaben der **Kriminal- und Staatspolizei** betraut.

Ortspolizei
… die örtliche Sicherheitspolizei ist im Wesentlichen Aufgabe der Gemeinde …

Neben der Bundespolizei und Gendarmerie haben auch die einzelnen Gemeinden das Recht, eine Gemeindepolizei aufzustellen, der jedoch nur örtliche Bedeutung zukommt. Sie untersteht dem Bürgermeister.

Die Gendarmerie
Organisatorische Grundlagen der Bundesgendarmerie finden sich in den Gendarmeriegesetzen 1894 und 1918.

Die Gendarmerie ist zum Unterschied von den Polizeibehörden reines Ausführungsorgan, ähnlich wie die Justiz- und Zollwache. Sie hat kein Recht, behördliche Bescheide zu erlassen, wird aber in Ausübung unmittelbarer Zwangsgewalt erforderlichenfalls dort tätig, wo es keine örtlich zuständige Polizeibehörde gibt, also auf dem Lande und in kleineren Städten. Sie ist als bewaffneter und uniformierter Zivilwachkörper organisiert und vollzieht auf etwa 98 Prozent der gesamten Fläche des Bundesgebietes für etwa zwei Drittel der Bevölkerung Österreichs den Sicherheitsdienst. Die Gesamtstärke der österreichischen Gendarmerie betrug im September 2000 15.576 Bedienstete.

Organisation und Aufgaben der Gendarmerie
Dem Bundesministerium für Inneres (BMI) ist die *Generaldirektion für öffentliche Sicherheit* nachgeordnet. Dieser untersteht ein *Gendarmeriezentralkommando* für ganz Österreich, die *Gendarmeriezentralschule* und das *Gendarmerieeinsatzkommando (GEK)*.

Als nachgeordnete Organisationseinheiten gibt es acht *Landesgendarmeriekommanden* in jedem Bundesland mit Ausnahme von Wien. In der Führung des öffentlichen Sicherheitsdienstes unterstehen die Landesgendarmeriekommanden den jeweiligen Sicherheitsdirektionen, die Bezirksgendarmeriekommandos dem jeweiligen Bezirkshauptmann.

Das Gendarmeriezentralkommando (GZK)
Die Organisationseinheit des Bundesministeriums für Inneres, die alle Angelegenheiten der Sicher-

heitsverwaltung besorgt, bildet das Gendarmeriezentralkommando. Als Teil der Generaldirektion für
die öffentliche Sicherheit ist das Gendarmeriezentralkommando zuständig für:
- Die gesamte Beschaffung von Bekleidung, Ausrüstung, Bewaffnung, Fahrzeugen etc.,
- alle Personalangelegenheiten und
- alle Führungs- und Organisationsangelegenhei-
  ten der österreichischen Bundesgendarmerie.

Das Gendarmeriezentralkommando koordiniert in
besonderen Fällen die Tätigkeiten der Landesgendarmeriekommanden und veranlasst – falls notwendig – bundesländerübergreifende Personal- und
Einsatzmittelverschiebungen.

Je ein Landesgendarmeriekommando (LGK) befin-
det sich in:
- Burgenland
- Kärnten
- Niederösterreich
- Oberösterreich
- Salzburg
- Steiermark
- Tirol
- Vorarlberg

Wien ist Bundeshauptstadt und Bundesland zugleich
und hat daher keine Gendarmerie, sondern nur eine
eigene Polizei mit der Polizei-Sondereinheit WEGA
(Näheres dazu bei *Spezialeinheiten der österreichischen Polizei und Gendarmerie*, S. 31–99)

Das Landesgendarmeriekommando fungiert als
Leit- und Koordinationsstelle für die *Bezirksgendarmeriekommanden,* organisiert den bezirksüber-
greifenden Streifendienst und stellt den Bezirksgendarmeriekommanden bei Bedarf zusätzliches
Personal zur Verfügung.

Die Bezirksgendarmeriekommanden (BGK)

Die Bezirksgendarmeriekommanden sind für den
Bereich je einer Bezirksverwaltungsbehörde (Bezirkshauptmannschaft) eingerichtet und bilden die
Leit- und Koordinationsstellen für die nachgeord-
neten *Gendarmerieposten, Grenzüberwachungs-
posten* und *Grenzkontrollstellen.*

Die Gendarmerieposten (GP)

Die Gendarmerieposten stellen die kleinste organisatorische Einheit der österreichischen Bundesgendarmerie dar und sind für die Aufrechterhaltung

der öffentlichen Ordnung, Ruhe und Sicherheit in
ihren Überwachungsgebieten zuständig. Sie bilden
die Basis des Exekutivdienstes und sind auf uni-
verselle Aufgabenerledigung ausgerichtet. Gendarmeriebeamte verrichten dort unter der Führung
eines Postenkommandanten ihren Dienst. Die
Anzahl der Beamten eines Gendarmeriepostens
hängt von verschiedenen Faktoren wie z. B. die
Größe eines Überwachungsbereiches und der
Bevölkerungsdichte ab.

Grenzkontrollstellen (GREKO) und Grenzüberwachungsstellen (GÜP)

Aufgrund der für Österreich durch das *Schengener
Durchführungsübereinkommen* entstandenen Pflicht
zur wirksamen Überwachung der EU-Außengrenze
entstanden neue Aufgaben, die von speziell dafür
geschaffenen Dienststellen (GÜP und GREKO) zu
bewältigen sind. Die innere Gliederung entspricht
jener eines Gendarmeriepostens.

Kriminalpolizeilicher Beratungsdienst (KBD)

Der kriminalpolizeiliche Beratungsdienst dient dem
Bemühen der Sicherheitsexekutive, eine Straftat
in all ihren Phasen wie Vorbereitung, Ausführung
etc. aus der Sicht des Opfers zu sehen, erkennbare
Gefahrenpotentiale aufzuzeigen und effiziente Gegenmaßnahmen vorzuschlagen.

Der Aufgabenschwerpunkt liegt in der Bekämpfung der Eigentumskriminalität. Gezielte Beratung
vor Ort soll den Tätern das Vorgehen erschweren
bzw. unmöglich machen. Schwerpunktmäßig werden auch andere Kriminalfelder behandelt, die durch
regional unterschiedliche Projekte und Aktivitäten
ergänzt, jedoch aus verständlichen Gründen nicht
näher angeführt werden.

Sondereinheiten

Das Gendarmerieeinsatzkommando (GEK)

Die Aufgaben des GEK lassen sich in drei Haupt-
felder unterteilen
- Einsätze bei Gewaltkriminalität schweren Aus-
  maßes
- Personenschutz und Sicherung von Staatsbesuchen
- Sicherung und Begleitung von Luftfahrzeugen
  der österreichischen Fluglinien.

SEG-Abzeichen am schwarzen Einsatz-overall, links ein Angehöriger einer *Einsatzeinheit* (EE).

Die Sondereinsatzgruppen (SEG) der Gendarmerie

Bestimmte Formen der Gewaltkriminalität, die im Nahbereich des Terrorismus angesiedelt sind (z. B. Geiselnahmen im Zusammenhang mit bestimmten anderen Gewaltverbrechen), machten es für die Gendarmerie erforderlich, entsprechende Vorsorgemaßnahmen zu ergreifen. Da es sich dabei nicht um ausgesprochen terroristische Aktivitäten handelt und andererseits das Gendarmerieeinsatzkommando (GEK) schon aus Gründen der Entfernung nicht immer unmittelbar vor Ort eingesetzt werden kann, stellte 1984 jedes Landesgendarmeriekommando eine so genannte *Sondereinsatzgruppe (SEG)* auf.

In der Regel werden SEG zu Aufgaben herangezogen, die von den örtlich zuständigen Gendarmeriebeamten nicht gelöst werden können, weil es diesen an entsprechender Ausbildung, Ausrüstung sowie spezifischer Erfahrung fehlt (z. B. koordiniertes Einschreiten gegen bewaffnete oder gefährliche Personen, Observationen, Personen- und Objektschutz, Flugabschiebungen, Problemabschiebungen und dergl.).

Die SEG können aber auch zu brisanten Einsätzen in anderen Bundesländern beordert werden sowie Unterstützung für andere Organisationseinheiten und Sondereinheiten leisten, wie SID, KA, EDOK, EBT, EBS, GEK, oder auch für die Bundespolizeidirektionen.

Eine Sondereinsatzgruppe kann, wie im Falle der SEG Niederösterreich, aus 18 Beamten (zusätzlich drei Sondereinsatzhundeführer und zwei SEG-Referenten) bestehen. Die SEG-Beamten verrichten auf ihren Stammdienststellen normalen Exekutivdienst. Ein entsprechendes Alarmierungssystem stellt jedoch sicher, dass sie im Einsatzfall innerhalb kürzester Zeit zusammengezogen und an den Einsatzort gebracht werden können.

Voraussetzung für die Einteilung in eine SEG ist die ehemalige Zugehörigkeit zum GEK, das Durchlaufen der dortigen Spezialausbildung sowie das Bestehen einer SEG-internen Eignungsprüfung. Die Führung der SEG, die Aus- und Fortbildung sowie die Wahrnehmung der organisatorischen Belange sind einem leitenden Gendarmeriebeamten beim Landesgendarmeriekommando übertragen (SEG-Ref). Die SEG-Kommandanten (also die *dienstfüh-*

Eine Gendarmerie-Einsatzeinheit in Bereitschaft vor dem Sheraton-Hotel während des Weltwirtschaftsgipfels 2001 in Wien. Dank der guten Organisation aller Einheiten und der Initiative des Gesamtleitenden (WEGA) konnte der Kongress im Gegensatz zu ähnlichen Veranstaltungen in anderen Ländern reibungslos abgewickelt werden. Konsequentes Auftreten und »Flaggezeigen« der Sicherheitskräfte trug einiges zur ruhigen Lage bei.

rende Beamten) rekrutieren sich aus dem genannten Kreis ehemaliger GEK-Angehöriger. Das Schwergewicht der Weiterbildung liegt auf der Körperausbildung, der Schießausbildung, der Einsatztaktik und Nahkampftechniken. Erkenntnisse, die das GEK selbst gewonnen oder aus der Analyse ausländischer Fälle gezogen hat, werden miteinbezogen.

Weiters werden die SEG-Beamten für die Aus- und Weiterbildung in den Schulungsabteilungen und Bezirken *(Anwendung Einsatzbezogener Körperkraft – AEK,* Taktik, Schießen), für die Aus- und Weiterbildung der *Einsatzeinheiten (EE;* siehe unten) sowie für die taktische und schießtechnische Aus- und Weiterbildung der Gendarmerie-Diensthundeführer eingesetzt.

Die Einsatzeinheiten der Gendarmerie (EE)

Als es in den 80er-Jahren vermehrt zu Aktivitäten kam, die den Großeinsatz geschlossener Gendarmerieeinheiten erforderten, bestand Handlungsbedarf. Für diese neuen Sicherheits- und ordnungsdienstlichen Aufgaben wollte die Gendarmerie weder ihr GEK noch die SEG heranziehen. Das Problem ließ sich andererseits durch Zusammenziehen einzelner Gendarmeriedienststellen ebenso wenig lösen; denn eine Voraussetzung für den geschlossenen Einsatz größerer Einheiten ist ein gut funktionierendes Zusammenspiel, das im Hinblick auf die Dislozierung der Gendarmeriedienststellen nicht im wünschenswerten Ausmaß gewährleistet werden konnte. Aus dieser Erkenntnis heraus begannen die Landesgendarmeriekommanden 1985 mit der Aufstellung so genannter *Einsatzeinheiten (EE)*.

Die Gendarmerie orientierte sich dabei am *Großen Polizeilichen Ordnungsdienst* der Polizei. Beamte der verschiedensten Gendarmeriedienststellen wurden einer Grundschulung für die besonderen Aufgaben einer Einsatzeinheit unterzogen. Um den Ausbildungsstand zu halten und neue Erkenntnisse und taktische Notwendigkeiten vermitteln zu können, wurden – und werden – die Einsatzeinheiten mehrmals jährlich zu Fortbildungen zusammengezogen. Dabei wird größter Wert darauf gelegt, die Reizschwelle der Beamten möglichst hoch zu legen, um Eskalationen im Einzelfall zu verhindern. Wesentliches Mittel zur Erreichung dieses Zieles ist eine gediegene Ausbildung. Die Erfahrung hat gezeigt, dass gut ausgebildete Beamte in allen Bereichen des Dienstes leichter Herr der Situation sind und weniger zu Überreaktionen neigen.

Eine Einsatzeinheit untergliedert sich in Gruppen und Züge; als Gruppen- und Zugskommandanten fungieren dienstführende Beamte. Die Ausbildung und Führung der Einsatzeinheiten im Einsatzfall obliegt leitenden Gendarmeriebeamten.

Da bei Einsätzen ein hohes Maß an Gefährdung gegeben ist, treten EE-Beamte meist mit einem Einsatzhelm mit Gesichtsvisier, einer flammenhemmenden Bekleidung (Overall), hohen Schuhen sowie mit Schutzschildern und langen Gummiknüppeln, um Angreifer auf Distanz halten zu können, auf. Auch die Beamten der Einsatzeinheiten verrichten auf ihren Stammdienststellen normalen Exekutivdienst. Auch hier stellt ein entsprechendes Alarmierungssystem sicher, dass sie innerhalb kürzester Zeit zusammengezogen und an den Einsatzort gebracht werden können.

Pilot der BMI »Flugpolizei« aus dem Stand der Gendarmerie. Daher Gendarmerie Uniform und Gendarmerie Rangabzeichen auf der rechten Brust. Der Helikopter, ein AS 355, wurde auch als Notarzt-Hubschrauber verwendet.

Spezialisten

Der Vollständigkeit halber sollen hier noch einige von Spezialisten verrichtete Dienste und Tätigkeiten erwähnt werden. Eine Spezialausbildung erhalten
- Alpingendarmen
- Diensthundeführer
- Beamte der Kommunikation/EDV,
- der Verkehrsabteilungen,
- der Kriminalabteilungen,
- so genannte Strahlenspürer
- und Motorbootführer

Aufgaben und Organisation des GEK

Bis zum Erlass des Sicherheitspolizeigesetzes (BGBL Nr. 566/1991 SPG) und seiner drei Durchführungsverordnungen (BGBL 1993/ 267, Anhänge III-V / Anhang III regelt Aufgaben und Befugnisse der Sondereinheiten) unterstand das GEK als unmittelbar nachgeordnete Organisation unmittelbar dem Bundesministerium für Inneres. Als Aufgabe war *die Besorgung besonderer Aufgaben im öffentlichen Sicherheitsdienst (bis 1991) sowie Planung, Vorbereitung und Durchführung besonderer Einsätze gegen Rechtsbrecher, die durch Androhung und Ausführung Aufsehen erregender Straftaten wie Geiselnahmen, Flugzeugentführungen und Erpressungen Furcht, Angst und Schrecken zu verbreiten suchen, um die Freilassung rechtmäßig verwahrter Personen oder finanzielle Ziele durchzusetzen*

Gemäß der Sondereinheiten-Verordnung (207. Verordnung BGBl 1998 vom 25. Juni 1998) sind die Aufgaben des GEK nun so definiert:

§ 5 Dem GEK obliegt es, in unmittelbarer Unterstellung unter den Generaldirektor für die öffentliche Sicherheit schwerpunktmäßig:

1. gefährlichen Angriffen ein Ende zu setzen, wenn wegen der hiefür gegen Menschen oder Sachen allenfalls erforderlichen Zwangsgewalt besonders geübte Organe des öffentlichen Sicherheitsdienstes mit besonderer Ausbildung benötigt werden und solche Organe auf lokaler oder regionaler Ebene nicht oder nicht ausreichend zur Verfügung stehen;

2. den vorbeugenden Schutz gemäß § 22 Abs.1 Z2 und 3 SPG bei erhöhter Gefährdungslage sicherzustellen;

3. den Sicherheitsdienst an Bord österreichischer Zivilluftfahrzeuge sowie im Rahmen diplomatischer Missionen auszuüben.

§ 9 Die Sondereinheiten schreiten im gesamten Bundesgebiet ein und sind bei der Aufgabenerfüllung auf die Zusammenarbeit mit anderen Sicherheitsbehörden bedacht.

(2) Die örtliche Zuständigkeit der Sicherheitsbehörden bleibt unberührt; Weisungen gemäß § 14 Abs. 1 SPG müssen gesondert ergehen.

§ 10 Die Sondereinheiten haben von ihrem Einschreiten die örtlich zuständige Sicherheitsdirektion zu verständigen, soweit dies erforderlich ist, um die Erfüllung der Aufgabe sicherzustellen und um Doppelgleisigkeiten zu vermeiden.

§ 11 Diese Verordnung tritt mit 1. Juli 1998 in Kraft und die Vdg 267/93 außer Kraft.

Unterstellungsverhältnisse – örtlicher und sachlicher Wirkungsbereich

In Angelegenheiten des inneren Dienstes ist das Gendarmerieeinsatzkommando dem Gendameriezentralkommando nachgeordnet.

Im Organisationsschema der Bundesgendarmerie nimmt das GEK den Stellenwert eines Landesgendarmeriekommandos ein.

Unter der Führung des Kommandanten *Brigadier Wolfgang Bachler* gliedert sich das Gendarmerieeinsatzkommando in eine Stabsabteilung und in eine Einsatzabteilung. Ähnlich einem Landesgendarmeriekommando ist die Stabsabteilung in fünf Referate mit je einem Offizier unterteilt.

Die Stabsabteilung umfasst derzeit etwa 40 diensterfahrene Beamte, die schon über einen längeren Zeitraum dem GEK angehören. Die meisten von ihnen wohnen in der Nähe der Dienststelle.

Die *Einsatzabteilung (EA)* unter Führung des 1. Stellvertreters des Kommandanten, *Major Bernhard Treibenreif*, ist in vier *Einsatzeinheiten (EE)* gegliedert.

Jede Einsatzeinheit wird von einem Offizier geführt, umfasst etwa 20 Beamte und besteht aus zwei Gruppen. Als Gruppenkommandanten fungieren vorwiegend dienstführende Beamte, aber auch besonders erfahrene, dazu eingeteilte GEK-Angehörige.

Die Beamten kommen aus ganz Österreich und sind daher – der bisherige Dienstplatz bleibt gesichert – dem Kommando dienstzugeteilt, wobei die durchschnittliche Zuteilungsdauer beim GEK zweieinhalb Jahre beträgt.

Die Gesamtstärke des Gendarmerieeinsatzkommandos beträgt etwa 170 bis 185 Beamte, davon zwölf Offiziere und 43 dienstführende Beamte.

Mit dem 1. 7. 2002 wurde der Aufgabenbereich des GEK erweitert und die Einheit organisatorisch direkt dem BMI unterstellt. Dies zeigt sich auch äußerlich in den Abzeichen. Anstelle des Brustbandes GENDARMERIE nun COBRA und am Ärmelabzeichen steht nun EINSATZKOMMANDO COBRA.

Vom Gendameriekommando Bad Vöslau zum Gendamerie-einsatzkommando

Das moderne GEK-Areal in Wiener Neustadt. *Foto: Franz Posch*

Dem Erlass der Sicherheitsdirektion für das Bundesland Niederösterreich vom 17. 4. 1973, Zl. 4222 (Erlass des BMI, Gen. Dion f. öff. Sicherheit, vom 17.4. 1973 Zl.: 19.537/7GD/1973) zufolge wurde mit Wirksamkeit vom 30. April 1973 8.00 Uhr eine Gendarmeriedienststelle mit der Bezeichnung *Landesgendarmeriekommando für Niederösterreich, Gendarmeriekommando Bad Vöslau* aktiviert.

Schon seit 1971 hatten Beamte der *Verkehrsabteilung des Landesgendarmeriekommandos für Niederösterreich* die Sicherung der meist mit der Bahn aus der UdSSR über Marchegg (Hohenau) einreisenden jüdischen Emigranten übernommen und die Flugzeuge bewacht, mit denen sie vom Flughafen Wien Schwechat nach Israel ausreisten. Das stete Anwachsen der Emigrantenzahl und der palästinensische Terroranschlag auf eine israelische Sportlergruppe am 5. September 1972 in Fürstenfeldbruck bei München veranlasste dann die Generaldirektion für öffentliche Sicherheit, zwei Gendarmerieoffiziere – *Rittmeister Johannes Pechter* als Kommandant und *Rittmeister Kurt Werle* als Stellvertreter – mit der Aufstellung einer kleinen Spezialeinheit zu betrauen, deren ausschließliche Aufgabe es sein sollte, die Transporte und das israelische Emigrantenlager zu sichern. Und dieses Lager befand sich damals in eben jenem Schloss Schönau, in dem das GEK später (bis zur Umsiedelung nach Wiener Neustadt) sein Hauptquartier hatte. Aus dem ganzen Bundesgebiet meldeten sich Exekutivbeamte freiwillig zu dieser Sondereinheit, absolvierten bei ihr eine umfangreiche Schießausbildung und wurden im Personen- und Objektschutz ausgebildet. Sie leisteten somit schon damals vieles von dem, was heute zum Aufgabenbereich einer Antiterrortruppe gehört.

Der erste Einsatz der mittlerweile von Journalisten und im Volksmund als »Cobra« bezeichneten Einheit galt aber keinem Terroranschlag, sondern einem spektakulären Kriminalfall. Im Juni 1973 hatte der Amokläufer Ernst Dostal drei Zivilisten ermordet und mehrere Exekutivbeamte schwer verletzt. In seinem Unterschlupf im Wienerwald beging er in aussichtsloser Situation Selbstmord.

Österreich schien zu diesem Zeitpunkt geradezu tabu für terroristische Anschläge zu sein. Dies änderte sich schlagartig im Herbst 1973, als palästinensische Terroristen in Marchegg einen Zug mit aus der Sowjetunion kommenden jüdischen Emigranten überfielen und sich mit mehreren Geiseln fast einen Tag lang auf dem Flughafen Wien-Schwechat verschanzten. Nun wurde das nun schon als Sondereinheit bezeichnete Gendarmeriekommando Bad Vöslau gerufen und war dabei, als die schwer bewaffneten Kidnapper nach vielen nervenzermürbenden Stunden ihre Opfer frei ließen und dann von österreichischen Privatpiloten ausgeflogen wurden. Hatten die Spezialisten auch nicht unmittelbar eingreifen müssen, ihre Präsenz alleine mag schon einiges dazu beigetragen haben, dass dieser Terrorüberfall ohne Blutvergießen beendet wurde.

Nicht zuletzt unter dem Eindruck des Schocks von Marchegg wurde die Einheit zunächst auf 100 Mann aufgestockt und ihr Aufgabenbereich beträchtlich erweitert. Die Sicherung der von Russland über die Tschechoslowakei kommenden jüdischen Emigrantentransporte wurde nun ab der österreichischen Staatsgrenze bei Hohenau (zweiter Grenzübergang Österreich/CSSR) und Marchegg bis zum Zwischenaufenthaltsort Bad Schönau übernommen.

Da aber dort auch das Gendarmeriekommando seine Unterkunft hatte, platzte das Gebäude bald aus den Nähten. Es gab für die Beamten einen großen Kanzleiraum, Stockbetten auf engstem Raum und sonst nichts. Waffen und Ausrüstung wurden auf den Gängen gelagert. Zustände, wie man sie sich heute nicht mehr vorstellen kann.

Diese unhaltbare Situation änderte sich schlagartig, als im November 1973 die jüdischen Sowjetemigranten vom Schloss Schönau in das Rot-Kreuz-Gebäude nach Wöllersdorf verlegt wurden.

Am 18. Dezember 1973 konnte nun das Sonderkommando ins Schloss Schönau verlegt werden. Drei Tage zuvor hatten Terroristen auf dem Flughafen Rom-Fiumicino fünf Polizisten getötet und ein Flugzeug gesprengt. Über Weisung des damaligen Innenministers Otto Rösch wurde daraufhin dem Gendarmeriekommando auch die permanente Sicherung des Flughafens Wien-Schwechat übertragen und der Personalstand sofort auf 133 Mann angehoben, um im Herbst 1974 wiederum drastisch verringert zu werden.

Grund dafür war einerseits die neuerliche Verlegung der Juden nach Kaiser-Ebersdorf (Wien), wo für ihren Schutz nun die Bundespolizeidirektion Wien zuständig war; andererseits war das Sonderkommando trotz oder vielleicht wegen seiner Sonderstellung innerhalb der Gendarmerie ein nicht von allen geliebtes Kind geblieben, und man dachte wie immer in einer solchen Situation an eine Auflösung des nunmehrigen *Begleitkommandos Wien*.

Den beiden Führungsoffizieren gelang es schließlich doch, alle maßgeblichen – und was sehr wichtig war – alle nichtmaßgeblichen Stellen zu überzeugen. So übersiedelte am 1. September 1974 das *Gendarmeriebegleitkommando Wien* von Schönau nach Zwölfaxing in die Burstyn-Kaserne des Heeres. Aufgrund der Sonderstellung wurde das Gendarmeriebegleitkommando auch mit diesem Datum direkt der Generaldirektion für öffentliche Sicherheit im Bundesministerium für Inneres unterstellt. Der Personalstand wurde auf zwei Offiziere und 30 Mann festgelegt, insgesamt nur 32 Beamte.

Die Hauptaufgaben waren im Wesentlichen nur noch die Begleitung der aus der UdSSR mit jüdischen Auswanderern besetzten Züge von Hohenau und Marchegg nach Wien-Südbahnhof. Dazu kamen fallweise Sicherungsaufgaben auf dem Flughafen Wien-Schwechat.

In den folgenden Jahren war ein stetes Ansteigen des internationalen Terrorismus zu verzeichnen, von dem auch Österreich nicht verschont blieb. So brachte im Dezember 1975 eine Terrorgruppe unter dem berüchtigten Venezulaner *Carlos* zunächst die in Wien tagende Ministerkonferenz der OPEC-Länder in ihre Gewalt, tötete zwei Menschen, darunter auch einen österreichischen Kriminalbeamten der BPD Wien, und wurde schließlich – ohne ihr eigentliches Ziel zu erreichen – ausgeflogen. Der Anführer des Terrorkommandos, Illich Ramirez Sanchez alias *Carlos* wurde erst in den 90er-Jahren gefasst und sitzt derzeit in Paris eine lange Haftstrafe ab.

Im Dezember 1976 verübte die deutsche Terroristin Waltraud Book gemeinsam mit zwei Komplizen einen Banküberfall in Österreich. Die Bande wurde verhaftet und zu einer langjährigen Freiheitsstrafe verurteilt.

1977 drangen RAF-Terroristen in die Bezirkshauptmannschaft in Landeck ein und erbeuteten eine große Menge an Blanko-Ausweisformularen. Schließlich standen die Gefolgsleute von Andreas Baader und Ulrike Meinhof auch hinter der Entführung des Wiener Großindustriellen Walter Michael Palmers. Das Lösegeld von 30 Millionen Schilling

(etwa 2,1 Millionen Euro) diente mit Sicherheit der Finanzierung von RAF-Anschlägen. Die österreichischen Entführer konnten Wochen später verhaftet werden.

Mit diesen Terroraktionen begann auch ein Umdenken in der Politik der inneren Sicherheit in Österreich. War das *Gendarmeriebegleitkommando Wien* bei diesen terroristischen Aktivitäten noch nicht unmittelbar zum Einsatz gekommen, so vermochte es beim Gipfeltreffen zwischen dem südafrikanischen Premier Vorster und dem amerikanischen Vizepräsidenten Mondale in Wien sowie bei der Sicherung des geplanten – und nie fertig gestellten – Kernkraftwerkes Zwentendorf (Österreich ist »atomfrei«) anlässlich mehrerer Demonstrationen von Atomkraftgegnern im Sommer 1977 seine besondere Effizienz unter Beweis stellen.

Bei diesen beiden Anlässen wurde auch die Öffentlichkeit erstmals mit den neuen Uniformen konfrontiert, die zum Teil auch heute noch das Bild des GEK prägen.

Anstelle der vor 1918 von den *k. k. Strafunis* (siehe Hufnagl: *Jagdkommando – Sondereinheiten des österreichischen Bundesheeres*, S. 12 – 22) stammenden *karstgrauen* und daher nach 1925 *eisengrauen/grauen* traditionellen Gendarmerieuniform trug die Sondereinheit nun die grüne RAL-3017-Mehrzweckuniform des Bundesheeres (RAL = Reichsausschuss Lacke) – mit gelber Aufschrift »GENDARMERIE« über der linken Brusttasche und auf dem linken Ärmel das Korpsabzeichen, die brennende Granate. Dazu die halbhohen Schnürstiefel (Feldschuh 2 des Heeres) sowie weinrote Barette (wie das »Jagdkommando«). Nur zu oft wurden in der Folge die mit dem Feldanzug 75 des österreichischen Bundesheeres in der Farbe RAL 3017 ausgestatteten Gendarmen mit den Soldaten verwechselt. Dazu trugen auch die vom Bundesheer und nun auch von der Sondereinheit verwendeten Aufschiebeschlaufen mit den Heeres-ähnlichen (den Gendarmerierängen angepassten) Rangabzeichen bei.

Hatte also die Häufigkeit terroristischer Aktivitäten auch im Inland den Beweis erbracht, dass sich Österreich längst nicht mehr als »Insel der Seligen« wähnen durfte, so gab letztlich doch der »Deutsche Herbst« mit der Entführung und späteren Ermordung des deutschen Arbeitgeberpräsidenten Hanns-Martin Schleyer durch die RAF und die im

Zusammenhang damit erfolgte Entführung der Lufthansa-Maschine »Landshut« nach Mogadischu – sie wurde von Angehörigen der deutschen Antiterroreinheit GSG 9 in einer mittlerweile legendär gewordenen Aktion unter Mithilfe von zwei SAS-Angehörigen (Blend-Knall-Granaten) und dem Oberstleutnant einer befreundeten Armee (»Kommunikation«) befreit – den Anstoß dafür, dass auch Österreich eine für das gesamte Bundesgebiet zuständige Spezialeinheit zur Terrorbekämpfung erhielt.

Den entscheidenden Impuls gab der damalige Innenminister Erwin Lanc. Dieser legte im Herbst 1977 der Bundesregierung eine umfassende Konzeption vor, durch die die bereits vorher vom *Gendarmeriebegleitkommando Wien* getroffenen Maßnahmen verstärkt werden sollten und deren Kernpunkt die Schaffung des *Gendarmerieeinsatzkommandos (GEK)* war.

Es galt wieder einmal, eine geeignete Unterkunft für die Spezialeinheit (noch nicht *Sondereinheit!*) zu finden, und hier bot sich wiederum das bereits einmal vom *Gendarmeriekommando Bad Vöslau* als Unterkunft genutzte Schloss Schönau an der Triesting geradezu an. Zwar wurden auch andere Unterbringungsmöglichkeiten geprüft, doch schließlich fiel die Wahl doch auf das in einem Park abseits jeglichen Verkehrslärms gelegene, mehr als 200 Jahre alte Schloss.

Als das Gendarmerieeinsatzkommando mit Datum vom 1. Januar 1978 offiziell ins Leben gerufen wurde, waren gewiss beachtliche Vorbereitungsarbeiten geleistet worden. Doch welches Ausmaß an Mühen und Arbeit noch bevorstand, konnte man damals nur erahnen.

Zunächst galt es, das zwar idyllisch gelegene, aber doch mehr als drei Jahre völlig leergestandene Schloss zu restaurieren und entsprechend den Bedürfnissen des neu errichteten Spezialkommandos zu adaptieren. Mit einem Aufwand von mehreren Millionen Schilling wurden zunächst neben zweckmäßigen Verwaltungs- und Schulungsräumen, einer mit allen Raffinessen ausgestatteten Funkstation und einer eigenen Sanitätsstation auch

Schloss Schönau, das GEK-Quartier der ersten Stunde.

Abseilübung am Wasserturm in Blumau in den 70er-Jahren. *Foto: Nuster*

Unterkunfts- und Freizeiträume den Bedürfnissen einer modernen Spezialeinheit angepasst.

Im Schloss wimmelte es nur so von Handwerkern. Täglich gab es Besprechungen, wie die Arbeiten rascher vorangetrieben werden konnten, denn es gab nur ein Ziel: Man wollte so rasch wie möglich einziehen!

Und tatsächlich, am 14. Februar 1978, einem klaren Wintertag, rollte eine Kolonne von 15 LKW des Bundesheeres von Zwölfaxing nach Schönau. Auf den LKWs verladen war »Das Gendarmerieeinsatzkommando«.

Die nächsten Monate und Jahre waren neben den alltäglich zu verrichtenden Diensten, neben der jetzt schon umfassenden Ausbildung der Beamten, geprägt vom kontinuierlichen Aufbau der Sondereinheit.

Wie schon vorher erwähnt, war der Personalstand der Sondereinheit von 44 auf 127 Beamte erhöht worden. Es galt, diesen auch tatsächlich zu erreichen.

Vom 20. Februar 1978 bis 20. März 1978 wurde das 1. Auswahlverfahren mit 190 Bewerbern durchgeführt, wovon 104 die Prüfungen bestanden.

Es bedurfte somit im Juni 1978 eines 2. Auswahlverfahrens, und erst mit dem 1. September 1978 hatte das Kommando den tatsächlichen Personalstand von 127 Gendarmen erreicht.

Auch musste es danach trachten, den Bestand an Kraftfahrzeugen den neuen Gegebenheiten anzupassen. Die Einheit brauchte mehr und vor allem schnellere und sicherere Kraftfahrzeuge. Im Dezember 1997 konnte z. B. Minister Schlögl im Rahmen einer kleinen Feier dem GEK wiederum einige spezielle Fahrzeuge der Marken Audi, BMW und Mercedes übergeben.

Mit seiner Errichtung waren dem Gendarmerieeinsatzkommando Beamte aus dem gesamten Bundesgebiet zugeteilt worden, deren zweijährige Dienstzuteilung im Jahr 1980 auslaufen sollte. Um neu zugeteilte Beamte in einen der Einsatzzüge eingliedern zu können, ergab sich die Notwendigkeit, einen weiteren Zug, den so genannten *Ausbildungszug* zu errichten. Der 1. Ausbildungszug wurde somit im Januar 1980 in der Stärke von 22 Beamten eingerichtet und gleichzeitig der Planpersonalstand des GEK auf 142 Beamte erhöht.

War die gesamte technische Ausstattung des GEK in den ersten Jahren seines Bestehens alles

andere als optimal, so konnte im Laufe der Zeit auch auf diesem Gebiet ein internationaler Standard erreicht werden.

Die technischen Einsatzwagen, Funkleitwagen, aktive und passive Nachtsichtgeräte und die vielen weiteren technischen Geräte konnte die Einheit nicht zuletzt aus Kostengründen nur Schritt für Schritt anschaffen.

Auch die Bewaffnung war in den ersten Jahren absolut nicht zufriedenstellend.

Als Langwaffe gab es den Gendarmerie »Standard«-Karabiner .30 M1*, die israelische MP Uzi, dann den »sichereren« Lizenzbau von FN und die Pistole FN M.35 (FN »Highpower«). Aufgrund ihres fliegenden Schlagbolzens war die M.35 beliebt, da sie im Dienst »geladen, aber nicht gespannt« und »ungesichert« getragen werden konnte. In Verbindung mit dem Gendarmerieholster mit Überschwung war sie ideal für einen relativ raschen Zugriff.

Die vorhandenen und im Gendarmeriedienst eingeführten Waffen, Karabiner M1 in .30 Carbine, Maschinenpistole Uzi in 9 mm Para (FN Fertigung) und Pistole M.35 9 mm Para entsprachen sowohl hinsichtlich ihrer Präzision als auch hinsichtlich ihrer Verlässlichkeit nicht den Anforderungen einer Antiterrortruppe. So wurde z. B. vom Innenministerium eine einzeln zu ladende »panzerbrechende« Spezialmunition für den Karabiner M1 entwickelt.

Auch die verwendete Standard-Pistolenmunition war, wie sich schon bei einem Einsatz gegen einen bewaffneten Geiselnehmer im Juni 1980 in Graz drastisch bestätigte, für polizeiliche Zwecke denkbar ungeeignet.

In den Jahren 1979 und 1980 wurde in zwei Etappen als Ersatz sowohl für den Karabiner M1 als auch für die Uzi das Sturmgewehr Steyr StG 77 (später StG 77A2) als Langwaffe eingeführt, und nach einer Reihe von Versuchen mit verschiedenen Faustfeuerwaffen, Kalibern und Munitionsarten erhielt das GEK schließlich im Frühjahr 1982 den Revolver Manurhin MR 73 im Kaliber .357 Magnum.

Die Schießausbildung war bis zum Frühjahr 1982 auf einem nahe gelegenen Bundesheerschießplatz in Matzen-Hölles meist unter großen Schwie-

---

* Ausführlich dargestellt in Hufnagl: *U.S.-Karabiner .30 M1 – Waffe und Zubehör*. Motorbuch Verlag, Stuttgart 1994. (vergr.)

Als das GEK noch Gendarmeriekommando Bad Vöslau hieß: Scharfschießen in den 70er-Jahren mit Maschinenpistole Uzi. Der Schütze trägt einen US-Stahlhelm und den alten grauen Alpinpullover des österreichischen Bundesheeres sowie zwei Dreier-Magazintaschen.

rigkeiten durchgeführt worden. Erst mit der Schaffung eines Gendarmerie-eigenen Schießplatzes in Blumau -Neurißhof konnte das GEK tatsächlich mit einer effizienten Schießausbildung beginnen.

Der Vollständigkeit halber seien noch einige wesentliche Daten in der geschichtlichen Entwicklung des GEK angeführt:

Im Oktober 1980 wurde der erste Sprengbefugtenlehrgang durchgeführt. Acht Beamte legten die Prüfung mit Erfolg ab.

Am 8. Juni 1981 übernahm das GEK in größerem Umfang Personenschutzaufgaben für den damaligen Bundeskanzler Dr. Bruno Kreisky und in der Folge für alle Bundeskanzler. Dazu kamen die Botschaftsbewachungen in verschiedenen Ländern.

Am 23. November 1981 begleiteten Beamte des Gendarmerieeinsatzkommandos erstmals einen Flug der *Austrian Airlines* als Sicherheitsbeauftragte. 26 Mann waren damals dafür ausgewählt worden. Mittlerweile sind es über 40.000 Flüge, die von GEK-Beamten begleitet wurden.

Das Gendarmerieeinsatzkommando hat im Verlauf seiner Geschichte so manchen Stolperstein überwinden müssen. Es hat aber sämtliche Hürden dank der geballten Energie und Einsatzbereitschaft seiner Führungsorgane und dank des Zusammenwirkens aller GEK-Angehörigen gemeistert.

Auch hier kommt wieder einer der Grundsätze der österreichischen Ausbildung zum Tragen: Führung durch Vorbild und Kompetenz – im abgestimmten Miteinander.

Dem Ministerium wurden von Außenstehenden und nicht mit der Sache vertrauten »Neuerern« Hunderte von Verbesserungs-Anträgen vorgelegt. Und das natürlich unter Miteinbeziehung aller Unbeteiligten – aber natürlich »Wissenden«. Auch »Wasserträger« hatten viel zu tun.

Um den Unterkunftsstandard und damit die Lebensqualität der Beamten im Dienst zu erhöhen, wurde umgebaut und ausgebaut, wurde neuer Wohnraum, wurden Freizeiteinrichtungen wie Tennisplätze und Sauna geschaffen, kurz, es wurde alles getan, um das Leben beim GEK so attraktiv wie nur möglich zu gestalten.

Und doch reichten alle Bemühungen nicht aus, das zwar idyllisch gelegene, aber doch veraltete Schloss Schönau an der Triesting zu einer den gestiegenen Anforderungen angepassten, zweckmäßigen und zukunftsorientierten Antiterrorzentrale umzugestalten.

Bedingt durch seine vorgegebene Raumaufteilung platzte das Schloss bald aus allen Nähten. Es fehlte vor allem an modernen Unterkünften, an entsprechenden sanitären Einrichtungen sowie an

Das Stabsgebäude des neuen GEK-Zentrums. Das ausgeklügelte Wortspiel im Teich »O KOMME MIR GERADE DANN EIN SATZ« bedeutet bei entsprechender Umstellung der Buchstaben »GENDARMERIEEINSATZKOMMANDO«.

geeigneten Ausbildungsstätten. Es fehlten Unterbringungsmöglichkeiten für teures Gerät und Abstellflächen für die vielen Einsatzfahrzeuge.

Die Frage »Wie soll das weitergehen?« stellte sich immer häufiger. Und dann kam der 22. April 1985. Oberst Pechter stellte die ersten Überlegungen zum Bau eines eigenen GEK-Zentrums an.

Der Bürgermeister von Wiener-Neustadt, Gustav Kraupa, bot ein Grundstück an und widmete es im August 1987 dafür um. Auf einem 260.000 Quadratmeter großen, dreieckigen Areal in einem Föhrenwald neben dem Wiener-Neustädter Flugplatz und nur durch tausende Panzerigel (Panzerhindernisse aus Eisen) von dem *Ausbildungszentrum Jagdkampf* des Bundesheeres getrennt, wurde die neue Ausbildungs- und Einsatzzentrale der Gendarmeriespezialeinheit errichtet. Am 7. Juni 1989 erfolgte der Spatenstich für das neue GEK-Gebäude und am 10. September 1990 legten Bundeskanzler Dr. Franz Vranitzky, Innenminister Dr. Franz Löschnak und Wirtschaftsminister Dr. Wolfgang Schüssel den Grundstein.

Am 15. Oktober 1992 bezogen die Beamten die neue Heimstätte, die in der Folge am 26. Oktober 1992 von Bundeskanzler Vranitzky und Innenminister Löschnak offiziell eröffnet wurde.

Einweihung des GEK-Zentrums Wiener Neustadt: Bundeskanzler Vranitzky, Innenminister Löschnak und Oberst Pechter auf dem Weg zur Feierstunde. *Foto: Franz Posch*

Offizielle Übergabe des in Bronze gegossenen GEK-Wappens
durch Bundespräsident Klestil und Innenminister Dr. Strasser
am 23. 10. 2000. V. l. n. r.: Brigadier Bachler, Dr. Strasser, Dr.
Klestil und Gendarmeriegeneral Strohmaier. Foto: Franz Posch

Der großzügige und moderne Bau, der einen
Hangar für zwei größere Hubschrauber beinhaltet,
kostete die Staatskasse rund 650 Millionen Schilling. Ein 2,3 Kilometer langer Sicherheitszaun mit
Perimetersicherungen und Kameras schützt das
Areal vor unerwünschten Besuchern. Besonders
gefährdeten Personen, darunter der Schriftsteller
Salman Rhusdie, bot die GEK-Zentrale mehrfach
sicheren Unterschlupf.

Die Ausbildungs- und Trainingsmöglichkeiten
sind optimal. Unter anderem gibt es eine große
Sporthalle, ein Schwimmbecken, das auch für die
Tauchausbildung geeignet ist, und einen 20 Meter
hohen Kletterturm. Diese Infrastruktur steht auch
anderen Sondereinheiten und Dienststellen der
Polizei und Gendarmerie (siehe Kapitel *Internationale Ausbildung* ab Seite 164) für Ausbildungsschwerpunkte und Seminare zur Verfügung.

Das Gendarmerie-
einsatzkommando

Der Weg zum GEK –
Das Auswahlverfahren

Ohne Ausnahme haben sich sämtliche Bewerber – Offiziere, Dienstführende und eingeteilte Beamte – einem dreitägigen Auswahlverfahren zu stellen.

Zur Ergänzung des Personalstandes bzw. zur Rekrutierung weiterer Beamter führt die Einheit zweimal jährlich im April und Oktober Auswahlverfahren durch. Die Ausschreibungen gehen an sämtliche Gendarmeriedienststellen Österreichs, um allen in Frage kommenden Beamten die Möglichkeit einer Bewerbung zu geben. Im Zuge der Grundausbildung für den Gendarmeriedienst steht

Schießprüfung beim
Auswahlverfahren.

41

für die jungen Gendarmeriebeamten/-innen ein Besuch des GEK auf dem Ausbildungsprogramm, so dass sich jeder bzw. jede ein Bild von dieser Einheit machen kann.

Bewerbungsbedingungen

Für die Verwendung beim GEK werden folgende Voraussetzungen gefordert:

- Absolvierung des Grundausbildungslehrganges für Wachebeamte
- Mindestalter von 20 Jahren, das Höchstalter ist nach oben offen, der Bewerber muss die geforderten Leistungen erbringen,
- volle körperliche und geistige Eignung für den Exekutivdienst
- sportlich trainiert
- zumindest im Besitz eines Führerscheines der Gruppe B und entsprechende Fahrpraxis
- keine disziplinäre Beanstandung
- Zustimmung zu einer mindestens zweieinhalb Jahre dauernden Dienstzuteilung zum GEK

Beamte, die diese Voraussetzungen erfüllen, können sich schriftlich bewerben und werden nach Prüfung der Ausschreibungsbedingungen durch das Gendarmeriezentralkommando zum Auswahlverfahren zugelassen.

Um sicherzustellen, dass nur körperlich geeignete, gewandte, im Auftreten sichere und für die vorgesehene Aufgabe befähigte Beamte dem Gendarmerieeinsatzkommando zur Verfügung gestellt werden, ist die Einberufung von Gendarmeriebeamten zum GEK ausschließlich vom Ergebnis des Auswahlverfahrens abhängig.

Die Auswahl

Das Auswahlverfahren selbst findet in der Ausbildungs- und Einsatzzentrale des GEK in Wiener-Neustadt statt und erstreckt sich pro Turnus über drei Tage. Es beinhaltet folgende Auswahlkriterien:

- Sportmedizinische Untersuchung
- Flugtauglichkeitsuntersuchung
- Psychologische Eignungsuntersuchung
- Sportmotorische Tests
- Schießleistungstest
- Persönliche Vorstellung

Alle folgend angeführten Tests sind in der auf jedem Gendarmerieposten aufliegenden aktuellen Fassung der *Amtlichen Verlautbarung für die Bundesgendarmerie* detailliert in Wort und Bild aufgeführt, so dass jeder interessierte Bewerber zeitgerecht die an ihn gestellten Forderungen kennenlernen, seine Konditionen überprüfen und die entsprechenden Vorbereitungen treffen kann.

Der medizinische Teil

Auch wenn man davon ausgeht, dass während der Basisausbildung Kraft und Ausdauer trainiert werden, die das Rüstzeug für die Arbeit in einer Einsatzeinheit darstellen, sind gewisse körperliche und gesundheitliche Voraussetzungen erforderlich, um die umfassende Ausbildung und die überdurchschnittliche psychische Belastung des GEK-Dienstes verkraften zu können. Die ärztliche und sportmedizinische Untersuchung sowie die Überprüfung der Flugtauglichkeit sollen diese Kriterien feststellen.

Unter Leitung und Mitwirkung des Vertragsarztes des GEK wird diese Untersuchung mit den Sanitätern des GEK an modernsten Geräten durchgeführt.

Nomen est omen – die »Überprüfung auf Herz und Nieren« beginnt mit dem Ausfüllen eines Fragebogens über bisherige Erkrankungen und Verletzungen.

Nach der Aufnahme der Körpermaße beginnt der schweißtreibende Teil der Untersuchung, wobei am Rande vermerkt sei, dass angesichts der bevorstehenden Belastungstests so manchem die Ruhewerte von Blutdruck und Puls in ungeahnte Höhen schnellen. Mit einem Fahrradergometer Meditronic 40-3, das jeder Bewerber etwa 30 Minuten betätigen muss, können Veränderungen der Herzleistung und atypische Herzrhytmusstörungen erkannt werden. Das Cardiognost EKG registriert die Belastungssteigerungen in 40 Watt Schritten im Abstand von 3 Minuten.

Den Ergometrietest wertet der Vertragsmediziner des GEK aus, ein Facharzt für innere Medizin. Die Kandidaten müssen bei diesem Test die für jedermann gültige klinische Höchstgrenze um mindestens 50 % überschreiten.

Weiters werden natürlich Seh- und Hörkraft überprüft, eine isometrische Überprüfung der Handkraft durchgeführt und mittels Spirometer die Vitalkapazität der Lunge getestet. Dazu kommen eine Harnüberprüfung auf Drogen (Combur-9 Test) und ein Reflotron-Bluttest auf Leberwerte, Harnsäure,

Diabetes und Nierenwerte. Abschließend führt der Vertragsarzt des GEK eine klinische Untersuchung am Beamten durch.

Allein der Umfang der ärztlichen und sportmedizinischen Untersuchung – sie nimmt für einen Turnus mit etwa zehn Personen einen ganzen Tag in Anspruch – zeigt, wie gewissenhaft die Auslese erfolgt. Es zeigt aber auch, welche Leistung und Belastungsfähigkeit das GEK vom Nachwuchs erwartet.

Psychologischer Teil

Eine Gruppe von Psychologen des Bundesministeriums für Inneres stellt mittels verschiedener Verfahren die Persönlichkeit, die Intelligenz und die Reaktionsfähigkeit – insgesamt die psychologische Eignung – des Bewerbers fest. Nach dem nicht minder anstrengenden psychologischen Teil ist wieder Knochenarbeit angesagt.

Sportmotorische Tests

Die sportmotorischen Tests dienen der Überprüfung der sportlichen Leistungsfähigkeit. Für diese Tests sind folgende Bewerbe vorgesehen:
1. Ein in der Halle durchzuführender Geschicklichkeitstest, der vom Bewerber geistige und körperliche Beweglichkeit erfordert. Er dient zur

Oben: Der Sprung über die Sprossenwand.

Unter den wachsamen Augen des Sachbereichsleiters bewältigt ein Kandidat den Barren.

Skizze zu Geschicklichkeitstest
im Auswahlverfahren für Beamte des GEK

KT = Kastenteil, MB = Medizinball, KO = Kastenoberteil, KA = Kasten, MA = Matten,
STB = Stufenbarren, HS = Sprunglatte, K = Keule, Pfeil zeigt die Laufrichtung

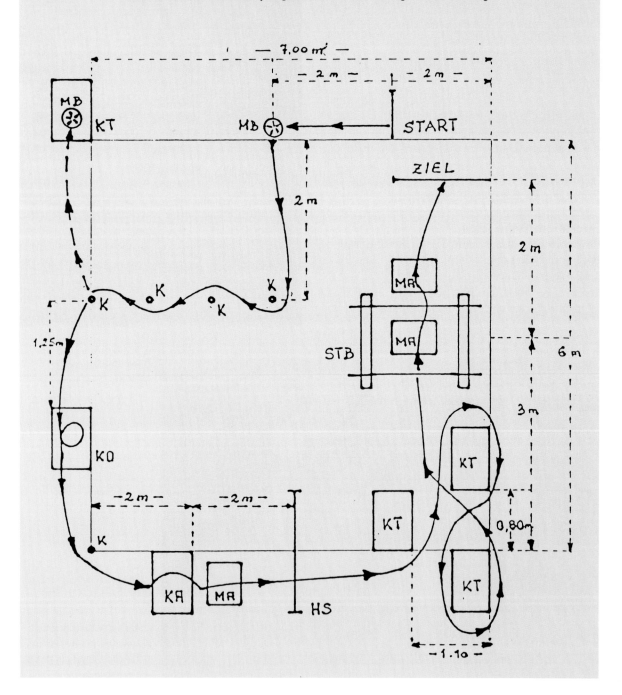

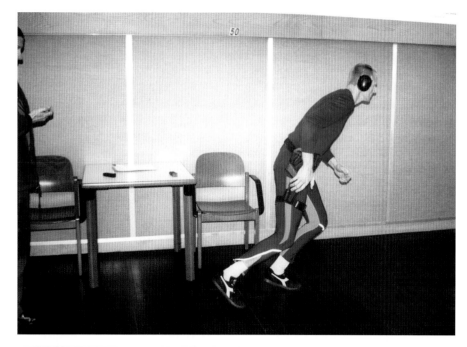

Schießtest: Der Ausbilder gibt das Startzeichen, drückt die Stoppuhr und der Kandidat sprintet, die Waffe ziehend, vor. Man beachte die Waffenhand. Vergleiche Seite 182 im »Ernstfall«.

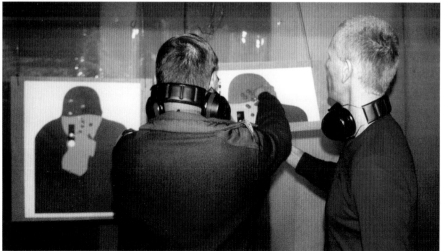

Deutlich sind die unter Zeitdruck und Stress gesetzten Treffer zu erkennen.

Feststellung komplexer motorischer Eigenschaften.

2. Ein in der Halle durchzuführender Stufentest, der vom Bewerber Kondition und Willenskraft verlangt. Dieser Test dient zur Feststellung der motorischen Ausdauer.

Schießleistungstest

Der Schießleistungstest überprüft die Waffenhandhabung beim Schießen und bei der Bewegung sowie die Treffsicherheit des Bewerbes. Außerdem dient er zur Überprüfung der allgemeinen Fitness und der Schießleistung bei körperlicher Anstrengung. Als Waffe steht die den Bewerbern vertraute Dienstpistole Glock 17 zur Verfügung. Zusätzlich müssen sie die Hindernisbahn mit eingebauten Schießübungen überwinden. Gerade diese Prüfung verlangt von den Kandidaten eine erhöhte physische Leistungsfähigkeit, außerdem Mut, und zeigt die Treffsicherheit unter starker Belastung auf.

HALLENHINDERNISBAHN

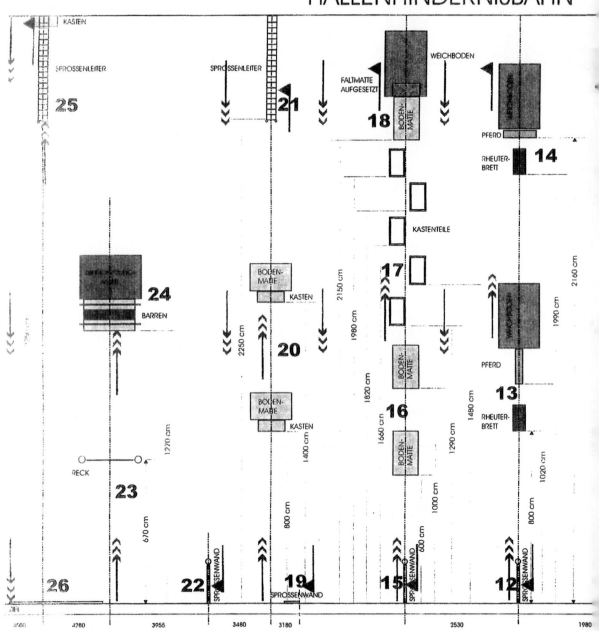

Parcours der Hallenhindernisbahn.

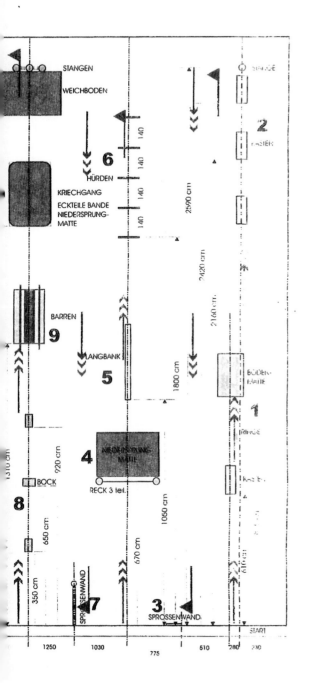

STANGEN
WEICHBODEN

STANGE

2
KASTEN

6
HÜRDEN

140
140
140
140

2590 cm

KRIECHGANG
ECKTEILE BANDE
NIEDERSPRUNG-MATTE

2420 cm

BARREN

9

2160 cm

LANGBANK

5

1800 cm

BODEN-MATTE

1

RINGE

KASTEN

920 cm

1310 cm

4
NIEDERSPRUNG-MATTE

8

RECK 3 teil.

BOCK

1050 cm

650 cm

670 cm

350 cm

SPROSSENWAND

7

3
SPROSSENWAND

START

1250   1030   510   280 230
              775

Anweisung zur richtigen Ausführung der gefürchteten Übungen.

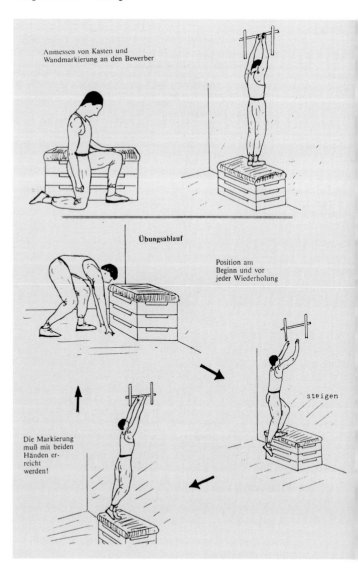

Anmessen von Kasten und Wandmarkierung an den Bewerber

Übungsablauf

Position am Beginn und vor jeder Wiederholung

steigen

Die Markierung muß mit beiden Händen erreicht werden!

47

Die traditionellen Aufgabenbereiche der Psychologie in der Sicherheitsverwaltung sind Aus- und Fortbildung der Beamten sowie Personalauswahl.

Psychologische Auslese

Die psychologische Auslese ist seit 1978 Bestandteil der Auswahlprüfung. Das psychologische Auswahlverfahren wurde seither mehrmals geringfügig modifiziert. Vordringlichstes Ziel jeder psychologischen Eignungsuntersuchung ist es, die Leistungsinteressen, Persönlichkeits- und Verhaltensstruktur eines Menschen in Beziehung zu einer fest

Auch der Psychologe des Innenministeriums, der die Bewerber psychologischen Untersuchungen unterzieht, nutzt die hauseigene Kraftkammer für einen »Eigenleistungstest«. Gut für die Muckis und gut für die Psyche.

umrissenen Ausbildung oder Berufstätigkeit zu stellen. Vor jeder psychologischen Auslese muss daher ein Anforderungsprofil erstellt werden, sodass jeder einzelne Faktor dieses Anforderungsprofils mit einem oder mehreren Tests abgedeckt und verglichen/überprüft werden kann.

Gegenwärtig wird als Grundlage für die Personalauswahl das *Berufsbild für Angehörige des Gendarmerieeinsatzkommandos*, das vom Gendarmeriezentralkommando 1978 definiert wurde, verwendet. Es beinhaltet folgende wesentliche Anforderungen:

■ Geistige Wendigkeit, Ruhe und Besonnenheit
■ Gesetzestreue
■ Gefestigte Dienstauffassung und Mut
■ Initiative
■ Disziplin

Diesem allgemeinen Anforderungsprofil folgend – das auf jeden Exekutivbeamten zutrifft – wurde bei der letzten Modifikation der psychologischen Auslese auf Vorschlag des Kommandanten des GEK ein Profil erstellt, das 16 Parameter enthält, die für die Auslese besonders wichtig sind.

Die wesentlichen Faktoren, die mittels schriftlicher Tests, Fragebögen, Gruppendiskussion, persönlichen Gesprächen und Reaktionstests an elektrischen Geräten erfasst werden, sind:

■ Intellektuelle Leistungsfähigkeit
■ Wahrnehmungsgeschwindigkeit
■ Konzentrationsfähigkeit
■ Daueraufmerksamkeit
■ Reaktionsschnelligkeit und Sicherheit
■ Monotonie-Resistenz
■ Arbeitsgenauigkeit
■ Psychische Belastbarkeit
■ Anstrengungsbereitschaft und Selbstdisziplin
■ Kontaktfähigkeit
■ Anpassungs- und Teamfähigkeit
■ Besonnenheit
■ Selbstvertrauen

Erreicht der Bewerber bei den psychologischen Leistungstests nicht die Mindestanforderung, so scheidet er aus und kehrt an seinen früheren Dienstposten zurück. Psychisch für das GEK nicht geeignete Beamte werden nicht aufgenommen. Und das ist besonders wichtig: *eine Wiederholung des Tests gibt es nicht!*

Während der Ausbildung

Psychologische Kenntnisse durch Erklärung, Bewusstmachung und Reflexion des eigenen dienstlichen und privaten Verhaltens sowie des Verhaltens des so genannten *Polizeilichen Gegenübers* sollen dem Beamten helfen, seine beruflichen Aufgaben leichter und kompetenter zu erfüllen. Gemäß Ausbildungsvorschrift werden im Basislehrgang folgende Teilgebiete der Psychologie vermittelt:

- Einführung in das Aufgabengebiet und die Grundbegriffe der Psychologie
- Psychologie der menschlichen Persönlichkeit unter Berücksichtigung persönlichkeitsbildender Störfaktoren und deren Auswirkung
- Verhalten des Menschen in der Gruppe und in der Masse
- Überwindung psychischer Belastungsfaktoren in Ausnahmesituationen
- Bewältigung von Konfliktsituationen im Umgang mit Menschen (Wie vermeide ich Konflikte – dreitägiges Seminar als Weiterbildung)

Die Änderung der Ausbildungsvorschrift im Mai 1988 und 1997 zeigen den besonderen Stellenwert dieser Ausbildung, denn die Stundenanzahl wurde seit 1988 für den Unterrichtsgegenstand Psychologie von 24 auf 47 Stunden erhöht.

Ergänzt wird der psychologische Unterricht durch Übungen in Entspannungstechniken, die besonders bei Stressabbau, Konfliktbewältigung und Erholung nach höchsten Belastungen eingesetzt werden können.

Doch auch für den Ernstfall hält das GEK Psychologen parat. Bereits seit längerem besteht eine Verhandlungsgruppe, die im Einsatz selbstständig arbeitet und z. B. bei der Geiselnahme in Graz-Karlau im November 1996 zum Einsatz kam*. Die Mitglieder dieser Gruppe sind in der Lage, wesentliche polizeitaktische Maßnahmen unter psychologischen Kriterien durchzuführen.

---

* Siehe dazu Spezialeinheiten der österreichischen Polizei und Gendarmerie, Seite 28 ff, und Kasten Seite 63.

Persönliche Vorstellung

Sie bietet der Prüfungskommission die Möglichkeit, das Auftreten, das äußere Erscheinungsbild, die mündliche Ausdrucksfähigkeit und die Gesamtpersönlichkeit des Bewerbers zu beurteilen.

Ergebnisse – Einberufung

Für die Zuteilung zum GEK sind die medizinische und sportmedizinische Eignung Grundvoraussetzungen.

Das psychologische Ausleseverfahren und der Leistungstest stehen einander gleichwertig gegenüber. Ein Spitzenergebnis beim psychologischen Test nützt nichts, wenn die Leistung nicht ausreicht. Ebenso bleibt ein überdurchschnittliches Leistungsergebnis unberücksichtigt, wenn die psychologische Eignung fehlt.

Die Leistungstests unterliegen einer Punktebewertung.

Der Bewerber muss bei den Leistungstests und der persönlichen Vorstellung insgesamt die Mindestpunkteanzahl von 120 Punkten erreichen. Doch damit hat er die Hürde noch nicht geschafft, denn alle gesundheitlich und psychisch geeigneten Bewerber werden nach ihrer Punkteanzahl gelistet. Die 20 Bestplatzierten erhalten die Einberufung zum nächsten Basislehrgang.

Seit Errichtung des Gendarmerieeinsatzkommandos im Jahre 1978 wurden bis einschließlich 2001 insgesamt 41 Auswahlverfahren durchgeführt. In diesem Zeitraum haben sich Hunderte Gendarmeriebeamte diesen harten Anforderungen gestellt. Von diesen Bewerbern hat mehr als die Hälfte die gestellten Bedingungen erfüllt und somit das Auswahlverfahren bestanden.

Ein bemerkenswertes Detail am Schluss ist der Umstand, dass für die Verwendung bei der Einsatzabteilung nicht ausschließlich neue Beamte rekrutiert werden müssen, sondern dass sich in den letzten beiden Jahren die Tendenz verstärkt, dass sich Beamte, die bereits eine Verpflichtung beim GEK hinter sich haben, abermals für eine Dienstzuteilung melden.

In diesen Fällen werden die Personalakten des Beamten und die Umstände, die zur Aufhebung seiner Zuteilung geführt haben, überprüft und eine Stellungnahme der Ausbildungsreferate eingeholt. Liegen nach dieser Erhebung keine nachteiligen Gründe vor, wird mit dem Beamten ein persönliches Gespräch geführt und gegebenenfalls die Neuzuteilung beantragt.

Diese Beamten werden nach einer Einarbeitungsphase wieder uneingeschränkt in die Bereitschaftseinheit integriert.

Basisausbildung

Die erwähnten »besten Zwanzig« werden jeweils Anfang Januar bzw. Anfang Juli zur **Ausbildungseinheit (AE)** einberufen. Die Grundausbildung nimmt sechs Monate oder 1080 Stunden in Anspruch. Die ABE handhabt die Stundenverteilung derart, dass aufgrund des bundesweiten Einzugsgebietes der Beamten (Vorarlberger haben eine einfache Fahrstrecke von etwa 600 km zu absolvieren) abwechselnd ein zehntägiger Dienstblock und ein viertägiger Freizeitblock eingeteilt werden.

Während des Dienstblocks wird grundsätzlich täglich zwischen 08.00 Uhr und 18.00 Uhr Dienst verrichtet bzw. Ausbildung betrieben. Danach haben die Beamten Freizeit und sind nicht an die Kaserne gebunden. Unbenommen dieser Einteilung werden Nachtausbildungen und -übungen sowie gegen Lehrgangsende kombinierte Übungen über einen längeren Zeitraum durchgeführt. Jedem Beamten wird in der Ausbildungs- und Einsatzzentrale des GEK für die Dauer seiner Dienstzeit gegen eine Pauschale von ca. 38 Euro ein Zimmer zur Verfügung gestellt.

Von dienstrechtlicher Seite her behalten die Beamten ihre Planstellen in den Bundesländern und werden für die Dauer der Dienstverrichtung dem Gendarmerieeinsatzkommando dienstzugeteilt. Den sich meldenden Beamten darf durch die Zuteilung zum GEK in ihrer beruflichen Laufbahn keinerlei Nachteil erwachsen. Die Landesgendarmeriekommanden haben über erfolgte Planstellenausschreibungen innerhalb ihres Wirkungsbereiches auch jene Beamten zu informieren, die sich zu diesem Zeitpunkt gerade beim GEK befinden, um diesen eine Bewerbung zu ermöglichen.

Erholungsurlaub ist für die Dauer der Basisausbildung nicht vorgesehen.

Rarität: Das Rangabzeichen zeigt den höchsten »Nichtoffizier«, einen Chefinspektor der Dienstklasse 7 (entspricht dem Vizeleutnant beim österreichischen Bundesheer). Über dem Einheitsabzeichen trägt er das GEK-Leistungsabzeichen.

Rechts: Ein Instruktor des Grundausbildungskurses. An der Kappe eingestickt: AE 2/01 = Zweite Ausbildungseinheit im Jahr 2001.

Die Angehörigen der Ausbildungseinheiten (AE) tragen grundsätzlich die beim GEK üblichen Anzugsarten, dazu aber das sonst in der gesamten Bundesgendarmerie übliche blaue Barett.

Ausbildungsziel

Gemäß Ausbildungsvorschrift des GEK ist der Umfang der Ausbildung so festzusetzen, dass der Beamte nach Durchlaufen der Ausbildung über jene Fertigkeiten und Kenntnisse verfügt, die ihn zur uneingeschränkten Verwendung in der Einsatzabteilung zur Erfüllung der im Sicherheitspolizeigesetz 1993 definierten Aufgaben befähigen. So weit das etwas trockene Amtsdeutsch.

Um nun dieses Ziel zu erreichen muss sich der Beamte Folgendes aneignen bzw. erlernen:

- Kenntnisse der innerbetrieblichen Organisation und des Auftragsvolumens sowie der relevanten gesetzlichen Bestimmungen und aktuellen kriminellen Erscheinungsformen
- Grundkenntnisse in taktischen Belangen und praktischen Fähigkeiten zur effizienten Bewältigung einsatztaktischer Geschehnisabläufe
- den Aufbau und die Festigung eines handhabungs- und treffsicheren Umganges mit und der praktischen Anwendung von Faustfeuer- und Langwaffen
- den Aufbau und die Erhaltung einer allgemeinen körperlichen Grundkondition und einer zielgerichteten Einführung in die Techniken des waffenlosen Kampfes
- die Entwicklung der Fähigkeit zur gezielten Anwendung technischer Einrichtungen und Geräte im Einsatzfall sowie die fahrtechnische Beherrschung von Kfz
- Kenntnisse einer Fremdsprache zur sprachlichen Bewältigung von Alltags- wie auch dienstspezifischen Situationen

Dadurch sollen geistige Beweglichkeit, Verantwortungsbewusstsein und ein korrektes und sicheres Auftreten vermittelt werden.

Ausbildungsinhalte

Die Ausbildung ruht auf den Hauptsäulen
- Einsatztaktik
- Körperausbildung und Nahkampf
- Schießausbildung

Einsatztaktik

Dieser Block umfasst 300 Ausbildungsstunden und hat folgende Themen zum Inhalt:
- Einführung in das Thema
- Grundbegriffe
- Einsatzvorbereitung
- Beobachtung, Beschreibung und Beurteilung von Objekten, deren Erkundung und Aufklärung
- Bewegen im Gelände,
- Annäherung und äußerer Sicherungsring
- Eindringtechniken in Objekte, Räume, Luftfahrzeuge, Busse unter verschiedenen Voraussetzungen
- Observation
- Durchsuchung und Transport
- Personen- und Objektschutz
- Kfz-Anhaltungen
- Verhalten in geschlossenen Einheiten

Körperausbildung und Nahkampf

Dieser Block umfasst 220 Stunden. Auf dem Dienstplan stehen Kraft-, Ausdauer- und Schnelltraining, Beweglichkeitsübungen, Erhöhung der Geschwindigkeit und Geschicklichkeit, Aufbautraining für das Beherrschen des waffenlosen Kampfes und Gruppenspiele.

Schießausbildung

Dieser Abschnitt nimmt etwa 180 Stunden in Anspruch und umfasst Einführung in die Waffensysteme, Sicherheitsbestimmungen, Tragearten, Ziehen und Zielen, Präzisionsübungen, Erfahrungsgrundsätze zur Erreichung der Handhabungs- und Treffsicherheit, Bewegungsschießen, Reaktionsschießen aus verschiedenen Grundpositionen und Bewegungsabläufen, Schießen aus Kfz und aus Luftfahrzeugen bei unterschiedlichen Lichtverhältnissen.

Darüber hinaus werden folgende Inhalte gelehrt:
- Seiltechnik — 50 Stunden
- Gerätekunde — 60 Stunden
- Fahrtechnik — 30 Stunden
- Psychologie — 30 Stunden
- Hubschrauberausbildung — 40 Stunden
- Spezieller Dienstvollzug, Waffengebrauchsrecht, Fremdenpolizeirecht, Terrorismus — 50 Stunden

- Waffen- und Schießlehre   20 Stunden
- Englisch   80 Stunden
- Erste Hilfe   20 Stunden

Dies ergibt insgesamt 1080 Stunden.

Die regelmäßigen praktischen Überprüfungen ergänzen schriftliche Tests, um um so eine möglichst breite Grundlage für die Leistungs-Beurteilung zu schaffen. Periodische Besprechungen der verantwortlichen Ausbilder sollen darüber hinaus das Bild des Beamten abrunden. Nach rund drei Monaten wird ein Koordinationsgespräch der Instruktoren der Hauptausbildungsbereiche unter der Leitung des Kommandanten der Ausbildungseinheit abgehalten, bei dem eine Zwischenbilanz der erbrachten Leistungen dargelegt wird. Weiters wird auf Grundlage dieser Bilanz erörtert, ob und warum Beamte dieses Ausbildungsziel voraussichtlich nicht erreichen. Bei krassen Defiziten wird nach einer internen Analyse und einem persönlichen Gespräch mit dem Betroffenen die Dienstzuteilung zum GEK aufgehoben und der Beamte kehrt an seinen Dienstposten zurück.

Am Ende der Grundausbildung folgt eine große Abschlussübung. Das Ergebnis dieser Übung und die Resultate der vorangegangenen Überprüfungen in den einzelnen Bereichen werden zu einem Gesamtergebnis zusammengefasst. Im gemeinsamen Abschlussgespräch beurteilen die Ausbilder jeden einzelnen Lehrgangsteilnehmer.

Hat ein Beamter die Ausbildung mit Erfolg durchlaufen, erhält er im Rahmen einer Feierstunde aus den Händen des GEK-Kommandanten das weinrote Barett. Beamte, die in den drei Hauptbereichen (Einsatztaktik, Körperausbildung, Nahkampf mit Schießausbildung) mindestens 85 Prozent der höchstmöglichen Testergebnisse erreicht haben, erhalten zudem das Leistungsabzeichen des GEK, das am linken Ärmel der Uniform über den Einheitsabzeichen getragen wird (siehe Bild S. 50 oben).

Die Ausbilder

Die Ausbildung wird sowohl von Beamten des GEK selbst als auch von externen Trainern und Vortragenden durchgeführt.

Als externe Vortragende und Trainer stehen Führungskräfte vorwiegend aus dem Innenministerium, wie z. B. Leiter der Staatspolizei, Leiter der Abteilung Waffen und Geräte, Spezialisten des Psychologischen Dienstes usw. zur Verfügung. Andere Ministerien (Landesverteidigungsministerium/Zentrum Jagdkampf) sowie private Institutionen und Unternehmen *(Austrian Airlines)* vermitteln Wissen und Kenntnisse.

Für Beamte des GEK gelten folgende allgemeine Lehrbefähigungskriterien:
- Erbringung der für die Aufnahme zum GEK erforderlichen Voraussetzungen,
- pädagogische und didaktische Grundkenntnisse,
- überdurchschnittliche Leistungs- und Einsatzbereitschaft,
- stark ausgeprägtes Verantwortungsbewusstsein.

Bewerber, welche die allgemeinen Kriterien erfüllen und vorgeschlagen werden, müssen ihre spezielle Qualifikation nachweisen. Hierbei kann es sich z. B. um Lehrer für Einsatztaktik, staatlich geprüfte Sportlehrer, Schießinstruktoren bzw. Schießlehrer des BMI usw. handeln.

Bevor der Beamte als Instruktor zu Aus- und Fortbildungskursen gesandt wird, hat er sich darüber hinaus mit einer Versetzung (Dienstposten) zum GEK einverstanden zu erklären.

Einsatztaktische Ausbildung

Taktik bedeutet, dort wo es darauf ankommt, überlegen und stärker zu sein.

Man kann es auch komplizierter ausdrücken: *Taktik ist das Ergebnis logischen Denkens und die praktische Umsetzung gewonnener Schlussfolgerungen in situationsangepasste Verhaltensweisen.*

Um den GEK-Beamten geeignetes Rüstzeug mitzugeben war es notwendig, die Einsatztaktik als Lehr- und Ausbildungsgegenstand neu zu definieren und darauf aufbauend entsprechende Lehrinhalte zu entwickeln und umzusetzen. Einsatztak-

tik muss Grundprinzipien festlegen, Lösungsmodelle für bestimmte Situationen bereit halten und die Möglichkeiten einer Umsetzung des theoretischen Wissens in praktische Fertigkeiten bieten.

Einsatztaktik als Lehr- und Ausbildungsgegenstand ist keine Erfindung des GEK, wohl aber die zielveränderte Neuauflage des Lehrgegenstandes *Gendarmerietaktik*, dessen Inhalt dem Einsatz und der Führung geschlossener Einheiten im Rahmen von Großereignissen und Großveranstaltungen gewidmet war und an strategische Sandkasten-

Einsatztaktische Ausbildung: Ein Einsatztrupp vor dem Eindringen in das Übungsgebäude. Der Spitzenmann öffnet die Türe, die andern sichern nach vorne und hinten.

Einsatztechnik

Observation und Einsatzdokumentation
- Observationstechnik
- Ton- und Bildübertragungssysteme
- Videotechnik
- Einsatzdokumentation
- Erkundung und Aufklärungstechnik

Elektronik und Ortungstechnik
- GPS-Systeme
- Sendertechnik
- Peil- und Ortungssysteme
- EDV und elektronische Steuerungstechnik

Öffnungstechnik
- Sprengtechnik
- hydraulische Öffnungstechnik
- mechanische Sperrtechnik
- Sondereinsatzmittel

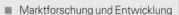

- Marktforschung und Entwicklung
- Spezialequipment
- in- und externes Management
- Schulung und Weiterbildung
- Kooperation mit nationalen und internationalen Einheiten

spiele erinnerte. Einsatztaktik ist kein Unterrichtsgegenstand im herkömmlichen Sinn und kann keinen festgeschriebenen Regeln unterworfen werden. Einsatztaktik erfordert geistige Beweglichkeit und Anpassung sowie analytisches Denken und Denkvermögen, praktische Intelligenz, kooperatives Verständnis, Zielstrebigkeit und Ausdauer, körperliche Fitness, Geschmeidigkeit und den sicheren Umgang mit Waffen und technischer Ausrüstung.

Im Rahmen einer Sondereinheit kommt diesem Ausbildungsgegenstand ganz besondere Bedeutung zu. Der Exekutivbeamte in traditioneller Verwendung ist gesetzlich und ausbildungsmäßig darauf ausgerichtet, jeder Situation alleine oder mit

**Links: Ein Zweiertrupp in Standardausrüstung beim Sichern.
Rechts: Auch so kommt man durch ein geschlossenes Fenster in 15 m Höhe. Aus Sicherheitsgründen trägt der Beamte eine Schutzbrille.** *Foto: Franz Posch*

Die Personalstärke des GEK betrug 2001 etwa 180 Beamte (Männer und Frauen). Davon gehören 69 Beamte der Stammmannschaft an. Beim Gendarmerieeinsatzkommando wird im Rahmen eines Schichtsystems Bereitschaftsdienst verrichtet. Rund um die Uhr stehen insgesamt etwa 40 Beamte für einen sofortigen Einsatz bereit.

- 20 Beamte der Einsatzabteilung (eine Einsatzeinheit)
- 10 Beamte des Stabes, vorwiegend Spezialisten (Taucher, Sprengbefugte, Sanitäter),
- 2 Offiziere als Kommandanten.

Sollten Beamte aus irgendwelchen Gründen fehlen, werden sie aus anderen Einsatzeinheiten ergänzt. Aufgrund der universellen Ausbildung ist dies jederzeit möglich.

Tagsüber wird Ausbildung betrieben, ab 18.00 Uhr besteht für die Bereitschaft Anwesenheitspflicht. Die Bereitschaft endet um 08.00 Uhr des Folgetages mit der Standeskontrolle am Vorplatz des Kommandogebäudes.

Außerhalb der Bereitschaft sind verschiedenste Dienste wie Sicherheitsdienst bei den *Austrian Airlines,* Personenschutzaufgaben oder die Eigenobjektsicherung zu leisten. Im Normalfall ist jeden dritten Tag abends dienstfrei. Die Dienste werden so zusammengefasst, dass der Beamte etwa zehn bis zwölf Tage beim GEK verbringt und anschließend etwa vier Tage Freizeit hat.

Die Angehörigen des Stabes haben neben der Bereitschaft auch einen aus vier Beamten bestehenden Journaldienst zu stellen. Unter Leitung eines *Offiziers vom Dienst* sind ein

- Kommando-Dienstführender
- Fernmelder
- Kraftfahrer (vom Dienst)

für die Abwicklung des normalen Dienstbetriebes verantwortlich.

24 Stunden beim Gendarmerieeinsatzkommando
Ein Tagesdienstplan

08.00 Uhr Dienstbeginn.
Die Bereitschaft tritt am Vorplatz des Kommandogebäudes zur Standeskontrolle an. Die Beamten des Stabes (10) sind vollzählig, 4 Beamte der Einsatzeinheit (EE) sind gerechtfertigt abwesend. Sie werden durch Beamte einer anderen EE ersetzt.
Der Bereitschaftsoffizier lässt abtreten.

Gruppe A
08.00 – 10.00 Uhr Englischunterricht im Lehrsaal. Vermittlung von Fachvokabular auf dem Sektor des Flugverkehrs und der exekutivdienstlichen Einschreitungsarten.

10.00 – 12.00 Uhr Sportausbildung. Geländelauf mit Intervalltraining, Fußballspiel auf dem Sportplatz.

12.00 – 13.00 Uhr Mittagessen.

13.00 – 17.00 Uhr Seiltechnikausbildung. Seiltechnische Arbeit in und an Gebäuden: Abseilübungen, Schnellabfahren, Seilquergang, Kombiverankerung, Fenstersprung.

17.00 – 18.00 Uhr Sportausbildung in der Krafthalle. Krafttraining.

18.00 Uhr Abendessen.
Bereitschaftsbeginn mit Anwesenheitspflicht. Beschäftigung beliebig (Sport, Sauna, Fernsehen).

07.50 Uhr des nächsten Tages Antreten auf dem Vorplatz zur Standeskontrolle.

08.00 Uhr Beginn des neuen Dienstes.
Eigenobjektsicherung – SB-Dienste – Personenschutzdienste – Spezialausbildung.

Gruppe B
08.00 – 10.00 Uhr Einsatztaktikausbildung im Übungsobjekt. Eindringtechniken in Räume und Objekte unter Berücksichtigung von Täter- und Täter-Geisel-Situationen. Bereinigung solcher Situationen unter Anwendung von Blendgranaten. Einsatztaktisch richtiges Vorgehen in Stiegenhäusern.

10.00 – 12.00 Uhr Theoretischer Unterricht im Lehrsaal. Wesen, Zielsetzung und Methoden terroristischer Gewalt. Terroristische Gruppierungen, ihre Entstehung und Arbeitsweise, Ablaufanalysen von Terrorakten.

12.00 Uhr Mittagessen.

13.00 – 16.00 Uhr Schießausbildung. Präzisionsübungen aus verschiedenen Entfernungen.

Bewegungsschießen mit unterschiedlichen Zielvorgaben. Reaktionsschießen aus verschiedenen Grundpositionen und Bewegungsabläufen.

16.00 – 18.00 Uhr Sportausbildung. Aufwärmübungen. Waffenloser Nahkampf (Kontaktkarate, Kickboxtraining)

18.00 Uhr Abendessen.
Bereitschaftsbeginn mit Anwesenheitspflicht. Beschäftigung beliebig (Sport, Sauna, Fernsehen).

07.50 Uhr des nächsten Tages Antreten auf dem Vorplatz zur Standeskontrolle.

08.00 Uhr Beginn des neuen Dienstes.
Eigenobjektsicherung – SB-Dienste – Personenschutz-dienste – Spezialausbildung.

Beim Gendarmerieeinsatzkommando gibt es keinen »Dienst nach Vorschrift«. Das angeführte Schema gibt nur einen einmaligen Tagesablauf wieder. Einsatzübungen, Nacht- und Spezialausbildungen sowie bestimmte vom GEK zu leistende Dienste wurden bewusst ausgeklammert.

**Oben: Antreten einer Fünfergruppe, darunter eine Beamtin.
Unten: Ehrenformation zur Begrüßung eines hohen Gastes angetreten.** *Foto: Franz Posch*

Eindringen durch ein offenes Fenster im schwarzen Einsatzoverall mit Schutzweste.

seinem Patrouillenpartner direkt oder auf individueller Basis zu begegnen. Im Vergleich dazu handelt die Sondereinheit immer als taktische Einheit, als Trupp mit genauer Rollenverteilung:

Verantwortung und Arbeit sind zwar aufgeteilt, aber der Trupp *(Team* = 5 Beamte) arbeitet zusammen wie die Finger in der Faust. Jeder Einzelne kann sich auf seinen Teil konzentrieren und sich sicher sein, dass seine Partner genauso ihre Aufgabe erfüllen und ihm den Rücken frei halten.

Durch ständiges Üben wird dieses Gruppenkonzept einstudiert und ein gemeinsames Bewusstsein gebildet, das es schließlich erlaubt, auch schwierige Zugriffsmuster zu meistern und in Notsituationen zu improvisieren. Jeder Beamte wird für jede Tätigkeit in der Gruppe ausgebildet. Selbst die Aufgabe des Truppführers kann bei Bedarf von jedem übernommen werden.

Schnelligkeit ohne Hast ergibt sich aus diesem Ansatz – statt einer Gruppe von Individuen operiert der taktische Trupp im Idealfall wie ein Körper mit einer Vielzahl von Händen, Augen und Gehirnen für ein Ziel.

Die einsatztaktische Ausbildung beim GEK steht auf der Grundlage dieser Überlegungen. Die erfassten Themen sind vielfältig und behandeln nicht nur jene Bereiche, die der Aufgabenstellung des GEK entsprechen; sie haben auch für die spätere Tätigkeit des Beamten – nach seinem Ausscheiden aus dem GEK – auf seiner Stammdienststelle eine wesentliche Bedeutung.

Als Orientierungshilfe für die Ausbildung im Allgemeinen und für Einsatztaktik im Besonderen dient der Aufgabenrahmen des Gendarmerieeinsatzkommandos, aus dem auszugsweise zitiert wird.

Auch mit der »Chinesischen Feuerwehrmethode« lassen sich obere Etagen erreichen. *Foto: Fritz Fiedler*

Ein Beispiel:

Verdeckter und offener gewaltsamer Zugriff in Täter- oder Täter-Geisel-Situationen bei Vorliegen von Gewaltkriminalität oder terroristischer Bedrohung.

Die Beamten des GEK werden geschult, »in die für Übungen zur Verfügung stehenden Objekte lautlos einzusickern« und sich mit gewandten Bewegungen zu den Zielräumen hinzuarbeiten, um letztlich schlagartig die Situation zu bereinigen.

Als Einsatzvorbereitung ist selbstverständlich die entsprechende Aufklärungs- und Erkundungsarbeit zu leisten, die die weitere Vorgangsweise bestimmt.

In diversen Kleinübungen werden die Einsatzteams unter Anwendung von Einsatzmitteln darauf vorbereitet, Spontansituationen bewältigen zu können.

Die »Arbeit« beschränkt sich nicht nur auf Wohnobjekte; es wurden auch spezielle Techniken für Verkehrsmittel wie Autobusse, Eisenbahnwaggons, Luftfahrzeuge und Wasserfahrzeuge entwickelt.

Ausbildung am Hubschrauber

Jeder GEK-Beamte wird als *Sonderbesatzungsmitglied* zu einem *Flugbeobachter für sicherheitsdienstliche Sondereinsätze und Terrorbekämpfung* ausgebildet. Die Ausbildung richtet sich nach den *Richtlinien für Einsätze/Sondereinsätze mit Luftfahrzeugen des BMI.* Ausbildungsschwerpunkte sind:

- Methoden für Sondereinsätze
- Abseilen vom Hubschrauber
- Schießausbildung am/vom Hubschrauber.

Vorbereiten zu einer
Eindringübung.

Eindringübung in den 90er-
Jahren. Die Beamten tragen
noch den grauen Einsatz-
overall und die Schutzweste.

Eine der wesentlichen taktischen Ausbildungsinhalte ist die Ausbildung für den Personenschutz, wobei Personenschutzdienste mit höherer Gefährdung grundsätzlich nur vom GEK ausgeübt werden. Weiters wird der GEK Beamte in der Tätigkeit als Flugbegleiter *(»Air Marshal«)* geschult und als *Sicherheitsbeauftragter* bei der *Austrian Airlines Group* eingesetzt.

Observation – Mobile Lagen

Nachdem mehr als 70 Prozent aller Zugriffe zur Beendigung von Extremsituationen aus der Observation heraus durchgeführt werden, misst das GEK diesem Themenkomplex besondere Bedeutung bei. Es entwickelte entsprechende Modelle für die Anhaltung von und mit Kraftfahrzeugen

oder schlicht und einfach aus der Bewegung heraus. Die Ausbilder erörtern mit ihren Schülern Grundsätze, Wesen, Zweck und Zielsetzungen und üben diese in umfangreichen praktischen Übungen ein. Gerade die verschiedenen Arten der Anhaltung von und mit Kraftfahrzeugen in verschiedenen Situationen werden ständig trainiert.

Einsätze bei Demonstrationen fallen üblicherweise nicht in das Aufgabengebiet einer Antiterroreinheit. Wie jedoch Vorkommnisse in verschiedenen Ländern zeigten, kann bei zunehmender Verhärtung der Fronten der Einsatz von »speziell ausgebildeten Kräften zur Lösung besonderer Problemstellungen« notwendig werden, weshalb das GEK auch solche Fälle mit in die Ausbildung einbezieht.

Ein wesentlicher Faktor der einsatztaktischen Ausbildung ist die *Seiltechnik*. Erfahrene Alpinisten

Im »Batmobil« zum Einsatz.

Geiselnahme in Riezlern

Am 9. Januar 1997 befreiten GEK-Beamte in Riezlern im kleinen Walsertal (Tirol) vier Geiseln, darunter drei Kinder, aus der Gewalt eines 47-jährigen Gastarbeiters. Der Aktion waren bange Stunden vorausgegangen. Der Geiselnehmer hatte mit einer Schrotflinte Schüsse auf zwei Journalisten abgegeben, die sich dem Haus näherten. Trotz stundenlangen Verhandelns konnte der Mann nicht zur Aufgabe bewogen werden. Darauf stürmten Einsatzkräfte des GEK in einer exakt geplanten Aktion das Gebäude. Nach wenigen Minuten erfolgte die erlösende Funkdurchsage an die Einsatzleitung: »Täter fixiert, Geiseln befreit«.

Aufstand in Graz-Karlau

Am 14. November verschanzten sich drei verurteilte Schwerverbrecher mit drei Geiseln in der Strafvollzugsanstalt Graz-Karlau. Die Häftlinge forderten acht Millionen Schilling Lösegeld und einen Hubschrauber zur Flucht. In einer präzisen Aktion konnten die Spezialisten des GEK innerhalb weniger Minuten die Geiseln befreien und die gefährlichen Täter überwältigen – unterstützt vom Mobilen Einsatzkommando der Bundespolizeidirektion Graz und anderen Einheiten.

»Es war das erste Mal in Europa, dass in einem Gefängnis Geiseln befreit und die Täter überwältigt werden konnten« berichtete der damalige Hauptmann und heutige Kommandant des GEK, Brigadier Wolfgang Bachler.

Nur am Rande: Das Gendarmerieeinsatzkommando setzte bei der Geiselbefreiung erfolgreich ein Hilfsmittel ein, mit dem es Pionierarbeit auf dem technischen Sektor leistete: Männer der technischen Einheit hatten ein hydraulisches Türöffnungsgerät für besondere Ansprüche entwickelt, das von einem schweizer Unternehmen gefertigt wurde.

---

und Bergführer stehen als Ausbilder zur Verfügung und lehren die Beamten der Ausbildungs- und Einsatzeinheiten, mit bewährten und in der Alpinistik ausreichend erprobten Einsatzmitteln umzugehen (mehr dazu ab Seite 68). Die Verantwortung für die Auszubildenden ist sehr groß, daher überstürzt die Einheit nichts und betreibt eine kontinuierliche Aufbauarbeit. Erst wenn in ausreichendem Maße Sicherheit und Perfektion vorhanden sind, kann die Seiltechnik an, auf und in Gebäuden als *einsatzvorbereitende Maßnahme* Anwendung finden, um den Einsatztrupps die Lösung einsatztaktischer Lagen entscheidend erleichtern können.

Weitere Ausbildungsinhalte aus dem Themenkreis Einsatztaktik sind die Einführung in die *Karten- und Geländekunde* sowie praktisches Arbeiten mit Karte, Netzteiler und GPS-System (die Bussole/Kompass wird im taktischen Bereich nicht verwendet). Orientierungs- und Geländeübungen, die sowohl tags als auch nachts und zum Teil in schwierigem Gelände durchgeführt werden, runden dieses Feld ab.

Im Rahmen der *Beobachtungsschulung* wird den GEK Beamten das erforderliche Rüstzeug für Erkundungs- und Aufklärungsarbeit mitgegeben.

Bei allen taktischen Maßnahmen, sei es bei gewaltsamen Zugriffen in Objekten, beim Anhalten von Fahrzeugen oder bei Personendurchsuchungen darf die *Eigen- und Kameradensicherung* nicht zu kurz kommen. Wenn Fachleute von moderner Eigensicherung sprechen, verbinden sie damit die Erkenntnis, dass diese nicht nur aus einer defensiven, sondern auch aus einer offensiven Komponente bestehen muss. Das GEK hat gerade auf diesem Gebiet hervorragende Entwicklungsarbeit geleistet und die taktischen Modelle und Vorgangsweisen in Übung und Einsatz sowie im Vergleich mit ausländischen Antiterroreinheiten auf Herz und Nieren überprüft.

Dies soll aber nicht den falschen Eindruck erwecken, dass es für jede erdenkliche Situation ein Patentrezept gibt. Jede sicherheitsdienstliche Lage hat nun mal ihre speziellen Eigenheiten. So lässt sich letztlich keine Lage mit einer anderen vergleichen – und mögen sie sich noch so ähnlich

Einsatzvorbereitung. Der Beamte trägt die Schutzweste, das Funkgerät mit Sprechgarnitur, den Einsatzhelm und als Bewaffnung die Glock 17 und das StG 77. *Foto: Franz Posch*

Oben: Die Krönung der Einsatztaktik-Ausbildung:
Die Erstürmung eines Flugzeugs. Hier eine nächtliche
Übung am Flughafen in Wien-Schwechat.
Links: Sturmtrupps dringen über Leitern durch die Türen
in die MD 87 ein.

sein. Die umfassende Ausbildung versetzt die Beamten jedoch in die Lage, ihr taktisches Wissen abgestimmt auf die jeweilige Situation anzuwenden. Sie lernen, »in der jeweiligen Lage zu leben«, das heißt: Sie zu erfassen, zu beurteilen und in taktische Handlungsschritte umzusetzen.

Die Ausbildungs- und Einsatzzentrale des Gendarmerieeinsatzkommandos in Wiener Neustadt bietet die Möglichkeit, Ausbildungsseminare abzuhalten und auf diesem Weg zumindest einen Teil des einsatztaktischen Wissens an alle Gendarmeriebeamte weiterzugeben. Dies wäre ein wesentlicher Beitrag zur an sich schon umfangreichen Ausbildung der Exekutive, die ihresgleichen im Ausland sucht, nicht zuletzt zur Sicherheit der Beamten.

Körperausbildung

Die Bekämpfung von Terroristen, das Einschreiten in besonders schwierigen Lagen und die dafür notwendige, fordernde Ausbildung verlangen von jedem Angehörigen des GEK eine hervorragende körperliche Verfassung und entsprechende Fertigkeiten.

Die Körperausbildung setzt sich zum Ziel, zunächst die allgemeine Kondition, Kraft und Geschicklichkeit aufzubauen. Eine Ausbildung in verschiedenen Spezialgebieten, darunter Nahkampf, erfolgt parallel.

Das Motto »Kondition ist nicht alles, aber ohne Kondition ist alles nichts« muss in besonderem Maße für Sondereinheiten gelten. Dabei kommen buchstäblich Dinge zum Tragen, die einen Sportler

Über die Hängeleiter.

– und sei er im Leistungsbereich tätig – wohl nie tangieren. Denken wir beispielsweise an die umfangreiche und leider auch gewichtige Schutzausrüstung, die Sondereinsatzkräfte bei vielen Lagen tragen. Eine Art Lebensversicherung, etwa wenn es um die Ausschaltung gefährlicher Straftäter oder von bis zur Selbstzerstörung motivierten und mit modernsten Waffen ausgerüsteten Terroristen geht. Kugelsicherer Helm und Weste wiegen zusammen über 10 kg – und dieses Gewicht muss der Träger durch Kraft und Kondition kompensieren, sozusagen um seine Chancengleichheit zu wahren.

Vergessen wir nicht, dass Angehörige von Spezialeinheiten schon während der Ausbildung starken körperlichen Beanspruchungen und einem vergleichsweise hohen Verletzungsrisiko ausgesetzt sind: Zerrungen, Prellungen, Knochenbrüche usw. veranschaulichen die zahlreichen Gefahrenmomente, wie sie etwa das Klettern an Fassaden und auf Dächern oder das Absetzen von Helikoptern mit sich bringen. Ein gestählter Körper hilft, diese Gefahren zu minimieren.

Kondition ist wie Geld: Mühsam gewonnen, aber schnell zerronnen. Sie kann nur durch kontinuierliches Arbeiten erhalten und gesteigert werden. Wertvolle Dienstzeit muss investiert werden und die Ausbilder müssen überdies die Leute dazu motivieren, ihre Körperleistung auch nach Dienst weiter zu steigern.

Das allgemeine Konditionstraining umfasst die Schulung der Kraft, Schnelligkeit, Ausdauer, Reaktion und Koordination. Zur Leistungskontrolle werden monatliche Tests angeordnet.

Der Sportmediziner Stefan Hasenbichler führte mit einer Gruppe von GEK-Beamten eine Untersuchung durch und schrieb darüber eine Diplomarbeit. In seiner Leistungsdiagnose stellte er fest: *»Überraschend ist jedoch das Ergebnis, dass 17 Probanten einen guten bis ausgezeichneten Trainingszustand für Ausdauersportler erbringen. Die Werte des GEK-Kollektivs sind nahe an dem untersten Wert für hochausdauertrainierte Leistungssportler herangekommen. Zwei von ihnen liegen im guten Mittelfeld. Die Untersuchung wurde nach knapp elf Monaten Training beim GEK gemacht. Sowohl die Ausbilder als auch die GEK-Beamten, die diese Leistungen erbrachten, sind auf dieses Ergebnis stolz.«*

Für das Konditionstraining zur Verbesserung der motorischen Grundeigenschaften Kraft, Schnelligkeit, Beweglichkeit und Ausdauer stehen beim GEK täglich eine Stunde Training auf dem Dienstplan.

Die *spezielle Körperausbildung* gliedert sich in folgende Ausbildungsabschnitte: Nahkampf, Hindernisbahn, Seilhangeln, Leichtathletik und Schwimmen. Für diese Ausbildung sind täglich weitere drei Stunden vorgesehen.

Zur Feststellung von Geschicklichkeit, Kraft, Ausdauer und der Bereitschaft, hohe psychische Belastungen einzugehen, hat jeder Beamte über ein ca. 50 Meter langes über eine Grube gespanntes Seil, das über eine Schlucht gespannt ist, zu hangeln.

Die Hindernisbahn muss sowohl in der Sportbekleidung als auch in Einsatzadjustierung mit den schweren Feldschuhen und dem Einsatzhelm in der vorgegebenen Zeit durchlaufen werden.

Das leichtathletische und das Schwimmtraining beschränken sich auf Sprint- und Mittelstreckenlauf bis hin zum 10.000 Meter-Lauf, auf Sprung und Stoß sowie auf das 300-Meter-Schwimmen für den Erwerb des ÖSTA (= *Österreichisches Sport- und Turnabzeichen*).

Um sich ein Bild über die Leistungsfähigkeit jedes einzelnen Beamten zu verschaffen und die Wirksamkeit des Trainings beurteilen zu können, führt das GEK monatlich einen Konditionstest durch. Nach den Ergebnissen lässt sich ein neuer »Belastungsplan« festlegen. Entsprechen die Leistungen nicht den Mindesterfordernissen, wird der Beamte ermahnt und bekommt Gelegenheit, seine Mängel auszubessern. Kann er dennoch die geforderten Leistungen nicht erbringen, scheidet er aus dem GEK aus.

Der größte Teil der Körperausbildung widmet sich dem Nahkampf.

In der Basisausbildung werden insbesondere geschult: Fauststöße und Blöcke, Fuß- und Beintechniken, Grundstellungen, Bewegungslehre, Partnertraining und Kombination von Abwehr- und Angriffstechniken.

Bezeichnenderweise nimmt die Körperschulung während der Basisausbildung mehr als 20 Prozent der Ausbildungszeit in Anspruch.

Körperausbildung bei den Einsatzeinheiten

Die Schwerpunkte der *speziellen Körperausbildung* sind:

- Perfektion und Erweitern der Arm- und Beintechniken
- Semikontakt – Kickboxen
- Verbesserung der Falltechniken
- Waffenlose Selbstverteidigung (Verteidigen ohne Waffen gegen Angriffe mit Waffen).

Vollkontakt-Wertungskämpfe im Kickboxen (mit Schutzausrüstung) sorgen für ein wirklichkeitsnahes Training.

Die Hindernisbahn

In körperlicher Hinsicht stellt die Hindernisbahn Anforderungen, die sowohl in der Art als auch in der Belastungsdauer realen Einsätzen am ehesten entsprechen. Um diesem Ziel möglichst nahe zu kommen, wird zumeist in Einsatzkleidung geübt.

Ein besonderes Erschwernis ist das so genannte *kurze Seil*. Während die »Rekruten« der Ausbildungseinheit noch mit dem *langen Seil* zu kämpfen haben, klettern die Angehörigen der Einsatzeinheiten völlig angstfrei auf ein über ein Gewässer gespanntes Seil. Sie hangeln sich zunächst am vier Meter langen Knotenseil hoch, schwingen die Füße auf das Seil und ziehen sich im »Faultier-« oder »Bärenhang«, auch »Tyrolienner Bauchlage« genannt, über den Abgrund. Auf halber Strecke

Zwei GEK-Beamte mit Schwarzem Gürtel beim Kickboxen. *Foto: Franz Posch*

wird der Körper – ohne das Seil in gefährliche Schwingungen zu versetzen – nach oben aufs Seil gebracht. Auf dem Bauch geht es weiter. Noch vier Meter Knotenseil, und der sichere Boden ist erreicht.

Alpinausbildung

Da ein erheblicher Teil Österreichs aus gebirgigen Regionen besteht, ergibt sich die Notwendigkeit von Einsätzen im alpinen und hochalpinen Gelände.

Bekannterweise birgt eine Gebirgslandschaft insbesondere im Winter große Gefahren in sich. Um unter diesen schwierigen und gefährlichen Bedingungen operieren zu können, betreibt das GEK schon seit jeher Ausbildung in der Gegend

Links: Körpertraining auf der Hindernisbahn-Strickleiter.

Unten: Zum Abschluss der Hindernisbahn schnell im »Faultierhang« über den Teich.

Oben: Im Anstieg. *Foto: Kerbl*

Rechts: In der Gerätekammer lagern griffbereit Kletterseile und Schier aller Art.

von Rax, Schneeberg, Ötscher und anderen alpinen Regionen.

Vorwiegend im Sommer werden Märsche mit rund 15 bis 25 kg Gepäck pro Mann sowie Einsatzübungen unter Einbeziehung von Schutz- und Almhütten durchgeführt. Weiters finden in der wärmeren Jahreszeit Kletterübungen am Peilstein und im Bereich der Hohen Wand statt, um das Klettern an Häusern und Fassaden zu ergänzen und zu verbessern.

Für die Ausbildung und Fortbewegung im unwegsamen Gelände im Winter – selbstverständlich immer mit Einsatzgepäck – wurden bis vor einigen Jahren die vorgenannten Gebirge gewählt. Aufgrund der langen Hin- und Rückfahrzeiten wurde die alpine Winterausbildung in eine zusammenhängende Ausbildung in schwierigem alpinem Gelände zusammengelegt.

Zwei Ausbildungstage in der Sommereinsatzwoche

Der Dienstplan sagt ganz einfach:

»... ganztägige Orientierungspatrouillen mit Bewältigung von einsatztaktischen Lagebildern und anschließende Übernachtung im selbst zu bauenden Biwak.«

Am Morgen Abmarsch von der Unterkunft in Gruppen von vier bis sechs Mann mit Pistolenbewaffnung und ca. 15 kg schweren Rucksäcken mit verschiedenem Alpinmaterial wie Seile, Karabiner, Steigklemmen usw. durch steiles und schroffes Gelände, wobei mehrere Orientierungspunkte erreicht werden müssen. Weiter geht es mit Klettersteigtechnik einen etwa 200 Meter langen gesicherten Klettersteig mit Schwierigkeitsgrad D hinauf. Geschicklichkeit und eine Portion Mut sind gefragt

Am späten Nachmittag – der ein oder andere sieht sich bereits im Biwak – stellt die Einsatzleitung eine neue Aufgabe: Eine so genannte *Täter-Geisel-Lage* muss gelöst werden.

Der Autor kraxelte mit.

Übungsannahme:

Ein Industrieller wurde während seines Urlaubes von zwei bewaffneten Tätern gekidnappt und in eine unbewohnte Berghütte in etwa 1800 Meter Seehöhe verschleppt. Die Täter fordern bis 12.00 Uhr des nächsten Tages 2 Millionen Euro Lösegeld und einen Fluchthubschrauber.

Bei der Einsatzbesprechung beurteilen die Gruppenkommandanten die Lage, legen eine Einsatzzentrale sowie einen Bereitschaftsraum fest und bestimmen das taktische Vorgehen. Dann nehmen die Gruppen ihre Einsatzausrüstungen auf, bestehend aus Schutzweste, Einsatzhelm und Funkgarnitur. Die Präzisionsschützen beziehen taktisch – d. h. ohne dass es das »Gegenüber« bemerkt – ihre zugewiesenen, getarnten Stellungen rund um die Hütte.

Dies ist einfacher gelesen als getan. Die Männer haben noch einen halbstündigen Anmarschweg durch unwegsames Gelände mit voller Einsatzausrüstung und eine für sie nicht einschätzbare längere Wartezeit bis zum Zugriffsbefehl vor sich. Von jedem Einzelnen wird verlangt, den Zugriff ohne Abstriche bei seiner körperlichen und geistigen Leistungsfähigkeit reibungslos durchzuführen.

Der Übungs-Zugriff endet mit der Befreiung der Geisel und Festnahme der Täter; dann folgen Manöverkritik und Abschlussbesprechung. Schließlich wird der Biwakplatz bezogen und mit dem Bau der Unterkünfte begonnen, dann ist Nachtruhe angesagt.

Am nächsten Morgen, in aller Herrgottsfrühe, setzt die Patrouille ihren Weg unter Zuhilfenahme von Karte, Kompass (Bussole) und GPS durch unwegsames Alpingelände fort. Eine rund 20 m breite Schlucht muss über ein Schrägseil im »Faultierhang«, auch »Tyrolien«-Technik genannt, bewältigt werden. Wenig später wartet eine ca. 30 Meter hohe senkrecht aufragende Felswand, die mittels Steigklemmen durchstiegen wird und den Männern einiges an Kraft und Geschicklichkeit abverlangt.

Oben angekommen, erhalten die Beamten per Funkspruch den Standort und die Eckdaten einer weiteren Erpresserlage übermittelt. Danach erfolgt selbstständiges Annähern und Finden des gesuchten Standortes mit Karte, Bussole und GPS. Das gleiche taktische »Spiel« wie schon am Vortag, mit gleichem Ergebnis. Dann erfolgt der Rückmarsch zur Unterkunft.

Bei Einbruch der Dunkelheit treffen schließlich alle Gruppen wieder im Quartier ein. Nach der Abschlussbesprechung gehen die Männer dann zum gemütlichen Teil der Übung über.

Zwei GEK Beamte mit Schutzhelm beim Klettern in der »Hohen Wand«, dem Wildenauersteig (Schwierigkeitsgrad D+). Die Unschärfen am rechten Bildrand sind herabfallende Steine aus dem Kalkfels.

Winteralpinausbildung:
Aufbruch zum Schi-Marsch.

Im tief verschneiten Berg-
wald.

Als Standort wurde u. a. das durch die dort abgehaltenen Hochgebirgsschulungen in Gendarmeriekreisen bestens bekannte Hotel »Hintermoos« ausgewählt. Die Gegend rund um Hintermoos, Maria Alm und Hinterthal mit dem Hochkasern (2077 m), dem Hundsstein (2117 m), der Schwalbenwang (2011m) und dem Steinernen Meer mit der Buchauer-Scharte (2269m) sowie der Torscharte (2293m) bietet ausgezeichnete Voraussetzungen für die Ausbildung im alpinen und hochalpinen Bereich. Selbst bei absolut schlechten Witterungsbedingungen und Lawinengefahr können noch Schitouren gegangen werden – kurzum, selbst unter den widrigsten Umständen lässt sich dort noch praktische Ausbildung betreiben.

An den Kursen nehmen Männer der Einsatzeinheiten sowie einige Spezialisten der Stabsabteilung teil, wie z. B. Sprengbefugte. Erfahrene Gendarmeriebergführer des GEK stellen die Ausbilder.

Die Unterweisung erfolgt in Theorie und Praxis im Tourenschilauf, in Schnee- und Lawinenkunde, im Erkennen von alpinen Gefahren im Winter, in der Tourenplanung und Tourenführung, in der Anwendung des Lawinensuchgerätes »Pips« sowie den Grundzügen der »Ersten Hilfe im Gebirge«.

Oben: Nach schweißtreibendem Aufstieg.

Im Schneegestöber.
Foto: Kerbl

73

Trotz einiger Härten – die Beamten sind immer ganztägig und bei jeder Witterung draußen – sind alle mit größtem Eifer bei der Sache. Da spielt es keine Rolle, dass viele aus dem Flachland kommen oder wenig Ahnung vom Bergsteigen und Schilaufen hatten.

Diese strapaziöse aber notwendige Ausbildung zeigt wiederum, dass nichts dem Zufall überlassen wird – das GEK hat ja ein möglichst breites Spektrum an Einsatzmöglichkeiten abzudecken.

Wettkämpfe und Leistungsnachweise

GEK-Fünfkampf
Alljährlich im Oktober findet die »GEK-Olympiade« mit ihren Einzel- und Mannschaftswettkämpfen statt, an der alle GEK-Angehörigen teilnehmen. Der Fünfkampf besteht aus den Disziplinen:

- Lauf über die Hindernisbahn mit »langem Seil« in Einsatzuniform
- Kugelstoßen
- Weitsprung
- 5000 Meter-Lauf
- Schießen mit Dienstwaffen.

Die Sieger und Platzierten werden bei der Weihnachtsfeier mit Pokalen und Plaketten geehrt.

ÖSTA und ÖSPE
Alle Beamten der Einsatzeinheiten müssen jährlich die Leistungen für die beiden österreichischen Sportabzeichen (ÖSPE ab 30 Jahre) nachweisen. Eine freie Auswahl der Disziplinen innerhalb der Leistungsgruppen ist nicht möglich.

Schwimm- und Rettungsschwimmausbildung
Ziel dieser Ausbildung ist die Qualifikation zum Rettungsschwimmer. Ein weiterer Schwerpunkt ist die Verbesserung des Schwimmstiles, um die

1999 Wettkampf in Ungarn. Von 20 Mannschaften errang das GEK den 1. Rang in der Gesamtwertung.

Combatschießen in der Schweiz, Aarau 2000. Der Parcours.
Rechts die GEK-Siegermannschaft.

für das ÖSTA geforderten Leistungen zu erreichen.
Eine Bewährung ist auch das Durchschwimmen
der ca. 300 m breiten, schnell fließenden Donau
mit ihren rund 15 Grad Wassertemperatur. Das
Schwimmen wird durch Froschmänner überwacht,
und nach einem aufwärmenden Dauerlauf geht es
schwimmend durch die Donau zurück zum Aus-
gangspunkt.

Spiele

Zur Auflockerung und Entspannung werden vor
allem im Konditionstraining Spiele, Staffeln und
Wettkämpfe eingebaut. Besonderer Beliebtheit
erfreut sich auch beim GEK das Fußballspiel. Es
stellt oftmals die »letzte« Motivationsmöglichkeit
dar.

Lehrpersonal

Für die vielfältige Ausbildung stehen dem *Referat Lehrpersonal* etwa zehn Lehrer mit folgender Qualifikation zur Verfügung:

- Gendarmerie-Bergführer
- Gendarmerie-Alpinist
- Gendarmerie-Sportlehrer
- Schwimm- und Rettungsschwimmlehrer
- Gendarmerie-Judolehrer
- Staatlich geprüfter Sportlehrer

Ewige Bestenliste

Zum Leistungsansporn und Vergleich dient eine »Ewige Bestenliste«. Sie soll als Anreiz dienen, um durch noch größere Anstrengung erneut Leistungsverbesserungen zu erreichen.

Stellenwert und Vergleich mit ausländischen Antiterror-Einheiten

Zur Feststellung des Leistungsniveaus und des Ausbildungsstandes ausländischer Antiterroreinheiten sowie zum Kennenlernen und Knüpfen von Kontakten auf internationaler Ebene hält die GSG 9 alle zwei Jahre einen mehrtägigen Vergleichswettkampf für Spezialeinheiten in Sankt Augustin bei Bonn ab. 1991 nahmen beispielsweise insgesamt 33 Mannschaften teil, darunter etliche von SEK und MEK, der US Delta Force, des US SEAL Team 6, der GEO (Spanien), der GIGN (Frankreich) und des GEK.

Die insgesamt elf Wettbewerbe zogen sich über drei Tage hin und erfassten Aufgabenstellungen aus dem gesamten Ausbildungs- und Aufgabenbereich von Spezialeinheiten: Schießen mit den verschiedensten Waffen in und aus jeder nur möglichen Situation, Umgang mit technischem Gerät, Klettertechnik, Schwimmen und Tauchen unter schwierigen Bedingungen, allgemeine hohe physische und psychische Belastbarkeit sowie Organisations- und Merkfähigkeit unter Stress.

Platz 1 belegte das Team USA 1 (Delta Force), gefolgt vom SEK Südbayern und vom GEK.

Links: CTC-Wettkampf 1999 bei der GSG 9. Seiltechnik an einem Rhein-Dampfer.

Rechts: Eine Station beim Wettkampf *Combat Team Competition* (CTC) 1999. Das GEK belegte in der Gesamtwertung den 9. Platz.

Polizeiweltspiele 2000 in Kalifornien. In den »alpinen« Wettkämpfen gewann die Mannschaft des GEK alle Disziplinen.

Schießausbildung

Die Schießausbildung gehört neben dem einsatztaktischen Training und der Erhaltung der sportlichen Leistungsfähigkeit zu den wichtigsten Übungsfeldern einer jeden Antiterroreinheit. Das GEK ist sich dessen sehr wohl bewusst und forciert die Schießausbildung besonders. Das Anforderungsprofil verlangt zunächst das detaillierte Wissen um die gesetzlichen Bestimmungen über Waffengebrauch und Waffengesetz, Dienstvorschriften und spezifische Kommandobefehle. Das Beherrschen der Dienstwaffen ist der Kern. *Dienstwaffen* sind derzeit (2002) die Pistole Glock 17, das Sturmgewehr StG 77 und die Maschinenpistole MP 88.

Ein Angehöriger der Ausbildungseinheit 2/97 beim Schießen mit der Dienstpistole Glock 17. *Foto: Franz Posch*

Als *Einsatzsonderwaffen* werden u. a. verschiedene Ausführungen der H&K MP 5, die Granatpistole MZP 1 sowie diverse andere Kurz- und Langwaffen, darunter Schrotflinten, geführt. Zu den Sonderwaffen zählen auch Präzisionsgewehre, wie z.B. die Modelle Steyr PSG CISM 300, Steyr SSG 69, Steyr SSG 69 SD, Steyr STG mit Vierfachoptik sowie das PGM Hecaté im Groß-Kaliber .50 BMG (12,7 mm x 99). Kenntnisse über Fremdwaffen, wie z.B. die Kalaschnikow-Waffenfamilie, das M16 (Carbine M4), die MP Uzi sowie eine Palette von gängigen und nichtgängigen Faustfeuerwaffen werden ebenfalls vermittelt.

Im Einzelnen geht es um

- Funktionsprinzipien der verwendeten Waffen
- Kenntnis technischer Grunddaten
- Aufbau und Wirkung verwendeter Munition
- Zusatzausrüstung
- Einsatzspektrum der verschiedenen Waffen

Das theoretische Wissen umfasst Schießtechnik und Grundkenntnisse der Innen-, Außen-, Ziel und – besonders wichtig – Wundballistik. In der Praxis wird der sichere Umgang mit Schusswaffen – darunter den Sonder- und Fremdwaffen – sowie eine Automatisierung von wichtigen Bewegungsabläufen eingeübt. Das GEK wendet ein aufbauendes Trainingskonzept an. Die immer wieder geübten Fertigkeiten werden mit den erforderlichen Wiederholungszahlen kontrolliert.

Bei der Beherrschung einsatzspezifischer Schießtechniken wird u. a. verlangt:

- Schießen unter Belastung und Stress
- Schießen mit voller Schutzausrüstung (einschließlich Matten, Schilder usw.)
- Schießen im Personenschutz
- SB-Schießen
- Nachtschießen
- Schießen mit Einsatzsonderwaffen
- Schießen mit Sonder- bzw. Fremdwaffen,
- Verteidigungsschießen (Schießen in Zivilkleidung)
- Schießen aus Luftfahrzeugen (Hubschrauber)

Der 6500 Quadratmeter große »Haus«-Schießplatz des GEK befindet sich in der Nähe des Einsatzzentrums. Er bietet sämtliche Vorzüge einer modernen Schießtrainingsanlage und es können dort sogar vom Hubschrauber aus verschiedene Übungen geschossen werden. Des Weiteren beherbergt die Einsatzzentrale eine moderne Raumschießanlage, die ein Training mit sämtlichen herkömmlichen Lang- und Faustfeuerwaffen bei jeder Witterung und zu jeder Tageszeit ermöglicht.

Neben der eigentlichen Schießanlage im Ausmaß von 115 x 30 m wurden ein elektronisch steuerbarer Schießparcours und Möglichkeiten des Häuserkampfes sowie des einsatztaktischen Schießens geschaffen.

Das Gendarmerieeinsatzkommando legt größten Wert darauf, dass seine Männer eine Ausbildung genießen, welche die Möglichkeit eines Scheiterns in Extremsituationen auf ein Minimum schwinden lässt. Im Besonderen gilt dies für das kontinuierliche Schießtraining.

Schießausbildung bedeutet beim GEK konzentrierte, engagierte Arbeit nach einem exakt geplanten, leistungsorientierten System, wobei Sicherheit an oberster Stelle steht. Leistungsorientiert bedeutet, jeden GEK-Mann zu einem optimalen Schützen auszubilden – egal, ob mit Glock-Pistole, StG 77 oder einer Sonderwaffe. Dazu bedarf es vor allem eines – Üben, Üben und nochmals Üben!

Im Sommer wie im Winter verbringt der GEK-Beamte ein oder zwei Halbtage pro Woche auf dem Schießplatz. Bei Tag und bei Nacht. Pro Jahr werden pro Mann über 3000 Schuss Munition verschossen.

Neben Präzisionsübungen – auch zur Überprüfung der Treffsicherheit der Waffen – findet sich in den monatlich geänderten Schießprogrammen eine ganze Palette unterschiedlichster Szenarien. Übungen unter Zeitdruck, unter extremster Belastung, aus Kfz, aus dem Hubschrauber, auf der elektronischen Schieß- oder Seilzuganlage, Parcours und einsatztaktische Übungen wechseln sich ab.

Die Schießergebnisse werden genau registriert, überprüft und ausgewertet. Zusätzlich erfolgt monatlich ein »Wertungsschießen«, wobei die Ergebnisse – ähnlich wie bei der Einsatztaktik und bei Sporttests – in einer Wertungstabelle dargestellt werden.

Letztlich muss jeder GEK-Beamte ein Trainingsprogramm für einen Schießhalbtag (Durchführung einer Schießausbildung) erstellen sowie eine praktische Schießausbildung durchführen können, ein kurzer theoretischer Vortrag über Waffen, Ausrüstung etc. mit eingeschlossen.

Der mit allen Raffinessen ausgestattete Schießkanal im GEK-Gebäude. *Foto: Franz Posch*

Schutzausrüstung

Die Schutzausrüstung besteht aus mehreren Bestandteilen. Das GEK verwendet als Schutzhelme den Übungshelm Orlite, den Einsatzhelm US 95 und den Titanhelm AM 91. An Einsatzschutzwesten stehen verschiedene Fabrikate zur Verfügung, die je nach Verwendung gestaltet sind und hier nicht näher beschrieben werden können.

Weiters werden kleine oder große Schutzschilde verschiedenster Fertigung verwendet, beschusssichere Matten, Splitterschutzmatten und die Personenschutztasche. Jeder Beamte muss die Schutzausrüstung bis ins Detail kennen und entsprechend ihrem Verwendungszweck einsetzen können.

Technische Ausrüstung

Dazu gehören Nachtsichtgeräte, Ziel- und Beleuchtungseinrichtungen mit modernen Licht- und Lasertechniken; darunter Zielprojektoren der Firmen Heckler & Koch, Surefire, Maglite u. a. Aus verständlichen Gründen kann hier nicht näher ins Detail eingegangen werden.

Als mindergefährliche Waffen werden Reizstoffe verwendet. Der Beamte wird in der praktischen Anwendung dieser allgemeinen Abwehr- und Ablenkungsmittel eingewiesen. Dazu gehört auch die Kenntnis der Dienstvorschrift für die Anwendung von Tränengas und Pfefferspray, die Möglichkeiten der Anwendung der MZP 1 (Mehrzweckpistole 1 von H&K im Kaliber 37 mm mit verschiedenen Geschossen), dann der Wurfkörper (Irritationskörper z. B. Knall/Blitz) und Schrotwaffen mit ihrer Sondermunition. Gleichermaßen werden Anwendung und Verwendung von Handsignalgeräten und der Atemschutzmaske mit den verschiedenen Filtern in Theorie und Praxis einstudiert (da hilft kein Zündholzbriefchen!). Das Wissen über Aufbau, Wirkweise, Gebrauch, Pflege und Wartung wird im Übrigen benotet.

Jeder GEK-Gendarm beherrscht nicht nur Waffen und Einsatzmittel, sondern auch deren »Verstauung« bei einer Alarmierung wie im Schlaf. Standort und Inhalt des »Schnellen Paketes« und der Bereitschaftskisten sind ihm in Fleisch und Blut übergegangen. Er findet die Ausrüstung im Bereitschaftsgeräteraum notfalls im Dunkeln. Es kann auch hier nicht näher auf Details eingegangen werden. Lieber Leser/in, Sie vermuten richtig: Es ist alles vorhanden, was man so braucht!

Schießen in der Ausbildungseinheit

Die Schießausbildung untergliedert sich in zwei Schwerpunkte: Während der Basisausbildung kommen das so genannte *Schwerpunktprogramm 1* und, als einsatzorientierte Schießausbildung, das *Schwerpunktprogramm 2* zum Tragen.

Für die Erstellung der Ausbildungsinhalte und Durchführung der Schießausbildung sind nur die Beamten *eines* Sachbereiches verantwortlich. Diese Organisationsform erlaubt

- eine bessere Übersicht über den Ausbildungsstand des auszubildenden Beamten
- ein gezieltes Training mit schlechteren Schützen

- das Erreichen eines einheitlich hohen Niveaus (etwa 90 % des Zuges)
- die Vermittlung eines einheitlichen Ausbildungsstandes.

Ziele der Schießausbildung sind die sichere Waffenhandhabung durch drillmäßiges Trockentraining, wobei die Ausbilder ihre Eleven in Ziehen und Halten der Waffe, Zielen und Abziehen ständig korrigieren.

Trainiert werden alle Grundanschlagarten wie:

- Stehend frei, beidhändig *(Weaver Stance)*
- Stehend frei, einhändig
- Kniend
- Sitzend
- Liegend
- Deutschuss
- Barrikadenanschlag
- Pkw/KT-Anschlagarten

Das Ausnützen der Deckung bei den Barrikaden- oder Pkw/KT-Anschlagarten (KT = Kombinationstransportwagen) ist lebenswichtig und erfordert daher größtes Augenmerk bei der Ausbildung.

Besonders schwierig – zumal unter Belastung und Stress – ist das Schießen aus der Bewegung heraus. Der Ausbildungsschwerpunkt liegt auch hier wieder beim Barrikaden- und den Pkw/KT-

Schießen auf Gongscheiben. Der Mann mit Kamera dokumentiert Schießhaltung und Bewegungen der Schützen.

»Rock around the Glock ...«

Ein Halbtag in der Basisausbildung; Dreistundenblock im Lehrsaal und im Waffenreinigungsraum. *Inhalt:*

- Dienstanweisung für die Glock 17 und das Steyr StG 77 (Kommandobefehl Nr. 7)
- Sicherheitsbestimmungen
- Zerlegen und Reinigen der Waffen
- Kurzbeschreibung der Waffen
- Aufbewahrung der Waffen
- Tragearten der Waffen
- Vorbereitung für den EOS-Dienst (EOS = Eigenobjekt-sicherung)
- Erläuterung der Begriffe: Laden, Halbladen, Entladen
- Nachweisliche Kenntnisnahme der Tragevorschrift von Gehörschutz und Schießbrille am Schießplatz und im Schießkanal.

Ausbildung an der Glock 17

- Trockentraining vor jedem Schießen bzw. vor einer neuen Grundtechnik.

- Grundstellung
- Grundhaltung
- Richtiges Halten der Waffe
- Richtiges Visieren
- Richtiges Abziehen
- Laden
- Entladen
- Halbladen
- Weaver-Stance
- Hemmungsbehebung
- Magazinwechsel
- Ziehvorgang

Vordergründig alles einfache und logische Dinge. Aber lebenswichtig! Deshalb müssen sie in Fleisch und Blut übergehen. Eine nicht geladene (halbgeladene) Waffe kann für den Träger tödlich sein. Ein falsch angewendetes Gerät bzw. eine Waffe birgt mehr Gefahren in sich, als sich mancher Laie träumen läßt.

Anschlagarten. Für den wirklichkeitsnahen Ablauf sorgen Anmarsch- und Anlaufübungen sowie Parcours, bei denen der Schütze zusätzlich geistig gefordert wird (realistische Einlagen etc.)

Klappt dies einigermaßen zufriedenstellend, wird das Ganze mit Schutzweste, Einsatzhelm und Gasmaske, mit taktischem Schild und/oder mit der schusssicheren Matte wiederholt.

Übung für Fortgeschrittene: Anflug beim Hubschrauberschießen. In der Bildmitte der etwa zehn Meter unter Niveau liegende Schiessplatz.

Anschweben und Vorbei-
flug des Hubschraubers
vor den Scheiben. So wie
im Film geht es nicht.

Schussabgabe aus dem Hubschrauber. Deutlich ist der
Rücklauf des Verschlusses der Glock 17 zu sehen.

Aus größerer Entfernung und daher schwieriger – Schießen
mit dem StG 77 aus dem fliegenden Hubschrauber.

Geschossen wird mit Schrotwaffen, der MP 5 mit Zusatzgeräten, MP 88 mit Laser, StG 77 mit Laser und Scheinwerfer, SSG 69 (mit Varianten), Revolver S&W M 36 sowie Standardsonderwaffen (Sturmgewehr Kalaschnikow, MP vz 61 Scorpion, MP Uzi und der ehemalige Dienstrevolver MR 73.

Als weitere Erschwernis folgt das Bekämpfen beweglicher Ziele mit den vorangeführten Techniken und Waffen.

Schließlich wird noch das Schießen in Zivilkleidung mit Zivilholstern geübt.

Für alle praktischen Basisübungen werden Ausbildungsziele (Limits) festgelegt. Erst nach Erreichen dieser Limits durch den Großteil des Zuges (etwa 90 Prozent) wird im Basisprogramm weitergegangen.

Vor jedem Ausbildungshalbtag lassen die Ausbilder allgemeine Trockenübungen bzw., falls für den jeweiligen Übungszweck erforderlich, spezifische Trockenübungen durchführen. Zusätzlich werden zum vorgesehenen Programm des jeweiligen Halbtages Wiederholungsübungen vorangegangener Trainingseinheiten durchgeführt. Um eine Übersicht über den Stand der Schießausbildung zu erhalten, muss im Schießprogramm vermerkt werden, welche Übungen absolviert wurden.

Die Limits der Basisausbildung dienen als Richtlinie für den Schießausbilder und werden bei der ersten Selektierung als zusätzliches Kriterium herangezogen.

Bei der *einsatzorientierten Schießausbildung* werden ebenfalls Mindestanforderungen gestellt – 80% der maximalen Trefferzahl!

Die Ausbilder erarbeiten Schwerpunktprogramme, die an drei aufeinander folgenden Trainingshalbtagen geschossen werden. Während dieser Trainingseinheiten muss jeder Beamte mindestens einmal die geforderten *Limits* erreichen. Erreicht er die Mindestwertung nicht, so kann er die entsprechenden Übungen (evtl. nach speziellem Training im Zuge der allgemeinen Schießausbildung im Schießkanal) innerhalb eines Monats nachholen. Scheitert er wiederholt, entscheiden die Ausbilder über das weitere Vorgehen.

Zusätzlich zu den *Limits* gilt folgender Wertungsmodus für die Ausbildungseinheit:

Bestimmte, vorher festgelegte Schwerpunktprogramme werden zu einer Prozentwertung herangezogen. Des Weiteren wird bei den letzten Ausbildungsmonaten das Programm der Einsatzeinheiten als Wertung geschossen und bildet jeweils einen Ausbildungsschwerpunkt.

Zur Auflockerung der Schießausbildung wird am Ende jeden Monats ein Gruppenwettkampf durchgeführt. An diesem Tag hat jeder Beamte die Möglichkeit, individuelle Übungen zu trainieren und nicht erreichte Limits nachzuholen.

Die Präzisionsschützen

Das GEK verfügte 2001 über 27 *Einsatz-Präzisionsschützen (EPS)*, darunter fünf *Präzisionsschützen-Kommandanten, (PS-Kdt)* bzw. Ausbilder
Sie teilten sich wie folgt auf:

Stab	6 EPS, davon
	5 PS-Kommandanten
1. Einsatzeinheit	4 EPS
2. Einsatzeinheit	5 EPS
3. Einsatzeinheit	5 EPS
4. Einsatzeinheit	7 EPS

Sollte eine Einsatzeinheit zusätzliche EPS benötigen, wird dieser Mehrbedarf an EPS/Kdten nachträglich aufgeboten. Der Mehrbedarf wird aus den verschiedenen Diensten herausgelöst bzw. über Alarmierungen zusammengezogen.

Jede Einsatzeinheit soll über mindestens vier EPS verfügen. Sollte zu erwarten sein, dass der Stand unter vier Mann fallen wird, erfolgt eine Ausschreibung für einen Grundausbildungslehrgang.

Grundausbildung zum GEK-Präzisionsschützen
Voraussetzung für die Ausbildung sind:
■ Freiwilligkeit
■ Erstklassiger Langwaffenschütze
■ einjährige GEK-Zugehörigkeit mit tadelloser Führung
■ nochmalige spezielle Auswertung des psychologischen Tests.

Die Grundausbildung umfasst derzeit etwa 120 Stunden. Die Ausbildungsinhalte werden hier ohne Anspruch auf Vollständigkeit aufgezählt und umfassen u.a.:
■ Waffenkunde, Waffenausbildung, theoretische Schießlehre, psychologische Bedingungen und Komponenten

Winterliches Präzisionsschützentraining auf der Seetaler Alpe.

Aus Sicherheitsgründen auf jedem »normalen« Schießplatz strengstens verboten – der »Winkelschuss« steil nach oben.
Auf der Seetaler Alpe kann dieser jedoch – wegen des als Kugelfang dienenden hohen Berghanges – geübt werden.
Im Bild ein Schütze mit Blaser R 93 »Tactical«, Kaliber .308 Winchester.

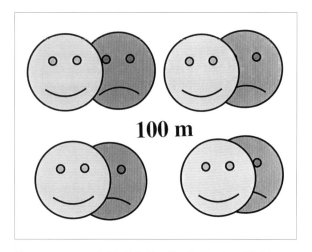

Die so genannte *Smily*-Scheibe. Nur Treffer des »Lächlers« (Durchmesser 7 cm) auf der relativ schnell von links nach rechts (und umgekehrt) fahrenden Scheibe zählen.

- Schießen aus verschiedenen Entfernungen (10 m bis 300 Meter) und Positionen
- Winkelschuss,
- Gerätekunde (Noptel, Zielkamera, Entfernungsmesser, Windmesser usw.)
- Waffengebrauchsrecht und rechtliche Besonderheiten
- Stellungsbau mit Raum und Geländetarnung
- Nachtschießen mit und ohne Nachtzielgerät
- Einsatzablauf und Funkverkehr
- Schießen aus Fahrzeugen
- Kommandoschießen auf dreidimensionale Ziele und Kleinziele
- Kleinübungen
- Einsatzübungen bei Nacht im verbauten Gebiet

Unten: Einweisung zum Schießen auf *Smily*-Scheiben.

Die persönliche Waffe des SEK-Präzisionsschützen: Das Steyr 300 Standard CISM im Kaliber .308 Winchester (7,62 mm x 51). Daneben liegen ein Magazin und ein kompaktes Funksprechgerät.

Fort und Weiterbildung

Dazu gehören

- eine monatliche Leistungsüberprüfung im »Kalten Schuss« auf verschiedene Entfernungen und Ziele mit einer prozentuellen Gesamtauswertung am Jahresende; *
- kontinuierliche Ausbildung mindestens zehn Stunden monatlich mit wechselnden Schwerpunkten;
- eigenständiges Schießen nach vorgegebenem Programm;

---

* Amerikanische Spezialeinheiten führten 1999 den so genannten *Cold Bore*-Wettkampf ein. Die u. a. eingeladene österreichische Polizeispezialeinheit WEGA errang unter Hauptmann Albrecht den ersten Platz – sehr zum Staunen der Amerikaner!

- Teilnahme an Einsatzübungen als EPS;
- Teilnahme an der so genannten *Intensivwoche für EPS* im Hochgebirge.

Als Präzisionsschützen-Kommandanten fungieren fünf Schießausbilder des Referates. Grundsätzlich kann im Ernstfall – dank der universellen und einsatzorientierten Ausbildung – jeder EPS diese Funktion sofort übernehmen.

Ausrüstung

Jedem EPS sind persönlich zugewiesen:

- 1 Präzisionsgewehr Steyr 300 Standard CISM (Kaliber 308 Winchester) mit Teilmantel (TM)- und AP-Munition und Optik Swarovski Habicht Sport PV-S, variable Vergrößerung 6- bis 24-fach
- 1 Steyr StG 77 (Kaliber .223) mit TM- und AP-Munition, Optik Swarovski PV, variable Vergrößerung 1,25- bis 4-fach.

Als Sonderwaffen:

- Steyr SSG 69 SD (Kaliber 308 Winchester) mit Vollmantel-Unterschallmunition, Optik Swarovski 6 x 42 oder
- PGM Hecaté II (Kaliber .50 Browning) mit TM- und AP-Munition, Optik Swarovski Habicht Sport PV-S, variable Vergrößerung 6- bis 24-fach.

Zudem erhält jeder EPS folgende Ausrüstungsgegenstände:

- Wintertarnanzug mit speziellen Handschuhen und Wärmekissen,
- Thermo-Unterlagsmatte,
- Spezial Armbanduhr mit Kompass, Thermometer, Höhenmesser, Barometer und Barograph,
- Schirmkappe,
- Checkmappe,
- Entfernungsmesser Leica Vektor,
- Nachtzielgerät Simrad KN 250
- Schießtrainingsgerät Noptel
- Zielkamera Arca Swiss
- Spektiv Swarovski
- Fernglas Swarovski
- Unterlagssäcke *(»Bulls bags«)*
- Polycarbonatscheiben
- Wind/Höhenmesser
- Einsatzrucksäcke mit abnehmbaren Gewehrtaschen

- Tarnmaterial für die Raum und Geländetarnung
- Spezielle Fahrzeuge

Der Präzisionsschütze bewahrt seine Waffen in einem abschließbaren Hartschalenkoffer auf. In einem Einsatzfall mit eventuellem »Erst-Fehlschuss« kann er diesen nicht damit begründen, dass die Waffe »verstellt« gewesen sei.

Gemeinsame Ausbildungen, Wettbewerbe sowie auch Weiterbildungen mit schweizerischen und deutschen Sondereinheiten (GSG 9, bayerische SEK) dienen u. a. dem Erfahrungsaustausch. Interessant ist, dass alle nur mit Wasser kochen. Nur sind da halt noch irgendwo 5 %, die man nicht gerne herzeigt, die aber natürlich das Tüpfelchen auf dem »i« sind! Außerdem tauschen sich die GEK-Präzisionsschützen mit den Kollegen beinahe aller europäischen und amerikanischen Sondereinheiten über Technik, Ausbildung ,Einsätze usw. aus. Des Weiteren besuchen die PS-Kommandanten jährlich internationale *Workshops* in Deutschland und in der Schweiz (*Workshop* – zu Deutsch: Werkstätte; gemeint ist eine Arbeitstagung oder ein Kurzlehrgang – leider macht eine ausufernde Sprachverschmutzung mit schwammigen und völlig überflüssigen Fremdworten auch vor Spezialeinheiten nicht halt).

Das PGM Hecaté II im Kaliber .50 BMG (12,7 mm x 99) mit Zeiss-Zielfernrohr Diavari 3-12 x 56.

Der Autor versucht sich am .50er-Hecaté.

Gemeinsames Scharf- schießen (v. l. n. r.): Ein Scharfschütze des Bundes- heeres (Oberwachtmeister), ein GEK-Ausbilder, ein Hauptkommissar eines bayerischen SEK mit dem neuen Gewehr DSR-1 der schwäbischen Firma AMP, ein GEK-Präzisionsschütze.

Bei internationalen Wettkämpfen 1999 und 2000 konnten sich die GEK-EPS auszeichnen.

1999
Holesov (Cz): 1. Platz in der Mannschafts- und 1. Platz in der Einzelwertung
Allentsteig (A): 1. und 7. Platz in der Mannschafts- und 1. Platz in der Einzelwertung

2000
Camp Shelby (USA):
6. Platz in der Mannschaftswertung
Holesov (Cz):
1. und 2. Platz in der Mannschafts- und die 1., 3., 4., 5. Plätze in der Einzelwertung
Allentsteig (A):
9. und 10. Platz in der Mannschaftswertung

Unterschiede zwischen Polizei/Gendarmerie-Präzisionsschützen und militärischen Scharfschützen

Obwohl der Laie oftmals nicht zwischen militärischen und polizeilichen »Scharfschützen« unterscheidet, wird gerade ein Polizei/Gendarmerie-Präzisionsschütze niemals den Fehler machen, sich in Einsatz und Ausbildung mit einem militärischen Scharfschützen vergleichen, bzw. dessen Einsatz und Ausbildungsrichtlinien übernehmen zu wollen. Die Hauptunterschiede werden nachfolgend benannt:

1. Grundlage des Einschreitens
Polizei: »Zivile Waffengebrauchsbestimmungen«, d. h. Bedrohungslage, Straftäter, Notwehr/Nothilfesituation, Einhaltung von Verhältnismäßigkeitsprinzipien sind Voraussetzung.

Militär: Normen des Kriegsrechts, d. h. Status des Gegenübers als Kriegsgegner rechtfertigen bereits eine Bekämpfung/Schussabgabe.

2. Einsatzschussweiten
Polizei: Realistische Einsatzschussweite 150 Meter, maximale Einsatzschussweite 300 Meter

Militär: Realistische Einsatzschussweite 500 bis 700 Meter, maximale Einsatzschussweite – je nach Können und Ausrüstung – bis 1000 Meter und darüber.

Blick über den Zaun: Das Accuracy Systems AWM-F im Kaliber .300 Winchester Magnum, das die deutschen Streitkräfte als G 22 einführten.

3. Einsatzziel

Polizei: Herbeiführen der »sofortigen Handlungsunfähigkeit« eines Straftäters zum Schutz von Menschenleben.

Militär: Verunsicherung und Destabilisierung des Gegners, Bindung von materiellen und personellen Ressourcen (u. a. Bergung, Versorgung der Zielpersonen)

4. Zielzone

Polizei: Dem Einsatzziel entsprechend kleine Treffer/Zielzone.

Militär: Dem Einsatzziel entsprechend ist bereits »irgendein« Treffer des Zieles (Gegners) ausreichend, daher u. a. eine relativ große Zielzone.

5. Lagebeurteilung/Beobachtung

Polizei: Muss stark ausgeprägt sein, da der Präzisionsschütze auch als Beobachter und Aufklärer eingesetzt wird – die Zielperson muss eindeutig identifiziert werden.

Militär: Aufklärungseinsatz für militärische Scharfschützen eher Ausnahme, Identifizierung der Zielperson/des Zieles durch o. a. Grundlage – Status des Gegners/Zieles – ausreichend.

6. Umfeld des Schützen/Stellung

Polizei: In aller Regel keine unmittelbare Bedrohung für den Schützen, Stellung zumeist in der »Etappe« d. h. innerhalb des eigenen Sperrkreises. Stellung zumeist längere Zeit benutzbar.

Militär: Unmittelbare Bedrohung immer gegeben, zumal Stellung oft vor den eigenen oder hinter den feindlichen Linien. Stellungswechsel ist meistens bereits nach einer erstmaligen Schussabgabe erforderlich.

7. Einsatzdauer

Polizei: Ablösung des eingesetzten Präzisionsschützen erfolgt nach ca. 8–12 Stunden.

Militär: Einsatzdauer beträgt je nach Auftrag in der Regel bis zu 5 Tagen. Die Zeitspanne beinhaltet Annäherung und Absetzen nach der Bekämpfung des Zieles.

8. Bewaffnung /Ausrüstung

Polizei: Jeder Schütze hat eine eigene Waffe. Eine Sekundärwaffe für eine etwaige Notwehrsituation wird immer mitgeführt.

Militär: Fallweiser Wechsel der Waffe zwischen Schütze und Beobachter, Sekundärwaffe nur von einem Truppmitglied; Sonderzubehör wird wegen des großen Einsatzbereiches nur bedingt mitgeführt.

Als es noch »geheim« war. Der Autor bei einer Bundeswehr-Einweisung am neuen G22.

Seiltechnik

Das Gendarmerieeinsatzkommando verfügt in Wiener Neustadt über beispielhafte Kletter-Trainingsanlagen. So steht in der Dreifach-Turnhalle eine *Indoor*-Kletterwand für das Klettertraining im Winter, während ein 20 Meter hoher Kletterturm für die Ausbildung unter freiem Himmel zur Verfügung steht. Seine vier Wände bieten unterschiedliche Möglichkeiten: Der Turm besteht aus einer Kletterwand mit Kunstgriffen, einer Wand mit Fensterfront und Balkon, einer Abseilwand sowie einer mit Rinnen und Leitern ausgestatteten Wand.

Die moderne Kletterausrüstung und die Abseilgeräte werden jeder erdenklichen Situation gerecht – verschiedene Seile, Aufstiegshilfen und Abseilgeräte, Fassadenleitern, Klettergurte sowie Alpinausrüstungen.

Das war nicht immer so, denn auch das GEK musste sich veränderten Anforderungen zunächst einmal anpassen.

Holen wir in diesem Zusammenhang einmal weiter aus. Als der Terrorismus mit Geiselnahmen und bisher unbekannten Erpressungsmethoden in den 70er-Jahren auch Österreich heimsuchte, musste die Exekutive erst einmal wirksame Gegenstrategien entwickeln. Es folgten Änderungen der Einsatztaktik und der Einsatztechnik. Fallstudien von terroristischen Geiselnahmen in vielen Ländern Europas machten deutlich, dass die bisher praktizierten Polizeimethoden und die vorhandenen Einsatzmittel nicht ausreichten bzw. ungeeignet waren.

Die Einsatztaktiker mussten neue Mittel und Wege suchen, um möglichst lautlos an die in Häusern, Wohnungen, Kraftfahrzeugen und Flugzeugen agierenden Täter zu gelangen. Um den Einsatzkräften die für die Zielerkennung, Vorbereitung und Bekämpfung erforderliche Zeitspanne einzuräumen, war die Herbeiführung eines wenige Sekunden dauernden Überraschungseffektes, eines so genannten Schockereignisses, zwingend notwendig.

In kurzer Zeit wurde von der Industrie eine so genannte »mannstoppende Munition« entwickelt und den Behörden zur Verfügung gestellt. Diese Munition setzt die Chancen der Terroristen auf Gegenwehr sehr stark herab, so dass selbst schussbereite Waffen nicht mehr abgefeuert werden können. Mit Blend- und Schallgranaten kann relativ leicht eine Paralysierung der Täter erzeugt werden, wodurch die Chancen für einen erfolgreichen Einsatz zur Geiselbefreiung weltweit verbessert werden konnten.

Diese neuen Techniken erforderten auch eine Neudefinierung der Ausbildungsziele.

Die höchsten Anforderungen wurden jedoch an die Ausbildung gestellt, um die Einsatzkräfte möglichst lautlos über unübliche Öffnungen und Zugänge wie Fenster, Luken, Lüftungsschächte etc. zum Einsatzort zu bringen.

Auf diesem speziellen Gebiet, der *Seiltechnik* (dieser *Terminus technicus* wurde vom Referenten für Einsatztaktik, Oberst Kurt Werle, geprägt), waren keine brauchbaren Erfahrungen vorhanden. Daher wurden Gendarmeriebergführer mit der Entwicklung praktikabler Einsatzmethoden betraut.

Anders als beim Bergsteigen sollen Einsatzkräfte bewaffnet und durch Panzerwesten geschützt Hausfassaden und Dächer erklimmen, sich von Dächern abseilen, über Fenster und Luken in Räume eindringen, Sicherungs-und Feuerschutz oder Beobachtungsaufgaben aus den unüblichsten Positionen heraus übernehmen. Eine besondere Schwierigkeit stellt die Forderung dar, ganze Einsatztrupps (Halbgruppen zu je fünf Mann) möglichst lautlos und mit einfachsten Methoden und Hilfsmitteln über Außenwände zu Fenstern und Balkonen zu bringen.

Gerade in Verbindung mit Hubschraubern kommt der Seiltechnik große Bedeutung zu. Die beiden GEK-Männer hängen unter dem Helikopter am Seil, das StG 77 schussbereit im Anschlag.

sives Krafttraining mit Gewichten, vor allem für die Arm-, Finger- und Schultermuskulatur betrieben wird (zur Körperausbildung siehe auch entsprechenden Abschnitt).

Das Überwinden des 30 m breiten Schlossteichs im GEK-Quartier Schönau am Seil stellte Anfang der 80er-Jahre für die meisten Beamten sowohl in physischer als auch psychischer Hinsicht noch eine Herausforderung dar. Dies lag weniger am kalten Wasser und der Höhe des Seiles als am Uferbereich, der im Falle eines Absturzes eine hohe Verletzungsgefahr barg.

Die Hindernisbahn war damals eines der Hauptmittel zur Verbesserung der Kondition und Gewandtheit in Sachen Seiltechnik. Von besonderem Nutzen waren das »lange Seil«, die schwingende, 8 m lange waagrechte Leiter, die Reifenwand und der 2,2 Meter hohe »Irische Tisch«, ein Balkon.

Die ersten richtigen, noch zaghaften Abseilübungen fanden 1978 im so genannten Rehgraben bei Mödling im Wienerwald statt. Es erstaunt heute, dass in der gebirgsreichen Alpenrepublik damals Ausrüstung improvisiert

Die vorgenannten Kriterien erforderten Techniken, mit denen Kraft, Ausdauer und auch Schwindelfreiheit erarbeitet werden konnten. Die Schutzausrüstung und Bewaffnung des Zugriffsbeamten hat ein Gewicht von mindestens 17 Kilo! Diese zusätzliche Last zum Körpergewicht stellt hohe Anforderungen an die Kraft und Fitness des Beamten; an seine Ausdauer und Geschicklichkeit beim »Hangeln« und Klettern. Nur eine ganz außergewöhnliche körperliche Konstitution kann diesen Gewichtsnachteil ausgleichen, weshalb ein intensives

werden musste. Da weder Klettergurte noch Abseilgeräte vorhanden waren, wurden mit Reepschnüren Brustgeschirre gebastelt. Technischer Hauptakteur beim Abseilen im traditionellen *Dülfersitz* mit Doppelseil war sozusagen der mit einem Klemmknoten *(Prusik)* gesicherte *Bulinkknoten* (dient Alpinisten zum Anseilen bei schwierigen

Rechts: Anflug: Die Beamten sitzen links und rechts auf den Kufen, am Lastpunkt hängen die Seile. *Foto: Franz Posch*

**Kufenritt in Baumwipfelhöhe. Man beachte die am Last-
haken festgemachten Seile.**

Fels- und Eistouren, zum Anlegen des Brustge-
schirrs und zum Befestigen verschiedener Veran-
kerungen).

Diese Übungen liefen nicht immer ohne »besondere Ereignisse« – Unfälle – ab.

Beim »Dülfern« über eine 20 Meter hohe Steil-
wand im Steinbruch nächst Hinterbrühl kam es zu
einem Vorfall, an den sich alle Beteiligten heute
noch mit einem lachenden und einem weinenden
Auge erinnnern. Ein Steirer mit leichtem »Über-
gewicht« (damals galten noch andere Kriterien),
der alles konnte und alles wusste, wollte beim
»Abdülfern« den Großteil seines Gewichtes dem
Prusik-Brustknoten anvertrauen, um den Reibungs-
schmerz im Schritt erträglich zu halten. Tatsächlich
»dülferte« der Mann zunächst lächelnd in Tiefe.

**Die einsatztechnische Seilarbeit am Turm steht jedoch
immer im Vordergrund.** *Foto: Fritz Fiedler*

Stille, leises Werken am Seil … Plötzlich ein verzweifelter Schrei: *»Ich hänge zehn Meter über dem Boden – der Klemmknoten steckt fest!«* Die Ausbilder riefen Anweisungen zur Entlastung des Sicherungsknotens in die Wand – ohne Erfolg. Ein Ausbilder mit Klettergurt seilte sich zum »Hängenden« ab, band ihn an seinen Gurt, durchschnitt dann die Reepschnur des Klemmknotens, und beide wurden unter erheblichem Kraftaufwand herabgelassen. Der aus einer Reepschnur geknüpfte Brustgurt schnürte dabei dem frei hängenden Steirer die Blutzufuhr unter den Armen ab, so dass er hilflos in der Schlinge hing und in Panik versuchte, noch vor Erreichen des Bodens den Brustgurt abzustreifen. Das aufgequollene, bläulich verfärbte Gesicht bekam nach zehn Minuten wieder die normale Farbe und nur grünlichblaue Quetschungen unter den Armen blieben als »Andenken« zurück. Es war noch einmal glimpflich und ohne bleibende Schäden abgegangen.

Negatives hat auch immer etwas Positives: Das GEK zog seine Lehren aus diesem Fall und führte einen Klettergurt mit Sitzschlinge ein, dem modernste verstellbare Klettergurte für Einsatz und Ausbildung folgten.

Der Ausbilder zeigt die Ringe und den Karabiner, mit denen der Bergesack eingehakt wird.

Eine andere Art der Seiltechnik: Im Rahmen der GEK Flugretterausbildung wird der Bergesack vorgeführt. Links im Bild eine GEK-Beamtin.

Der im Aufbau befindlichen Einheit kamen freilich auch die Erfahrungen befreundeter Spezialeinheiten in Deutschland und Frankreich zugute. Das GEK übernahm sowohl von der GSG 9 als auch der GIGN * einsatzerprobte Methoden und passte sie seinen Erfordernissen an. Ein einfaches

* GIGN ist die Abkürzung für Groupement d'Intervention de la Gendarmerie Nationale, was soviel wie Gendarmerie-Sondereingreiftruppe bedeutet. Ausführlich über die Einheit berichten die beiden Bücher:
Eric Micheletti: Spezialeinheit GIGN. Frankreichs Elitegendarmerie im Einsatz. Motorbuch Verlag, Stuttgart 1999.
Yers Keller/Frank Fosset: Frankreichs Elite. Legions-Paras, Kampfschwimmer, Antiterror-Spezialisten. Motorbuch Verlag, Stuttgart 2001.

Rechts: Abseilen vom Wasserturm der ehemaligen Munitionsfabrik in Blumau (siehe Seite 36). *Foto: Nuster*

Übernehmen war aufgrund unterschiedlicher Ausrüstung und Taktik nicht sinnvoll. Durch die allmähliche Einführung der erforderlichen und im Handel nicht erhältlichen Spezialausrüstung konnten die einzelnen Techniken effektiv und »einsatzbezogen« geübt und angewendet werden.

Diese Übungen halfen dem GEK dabei, einen Grundsatz zu verwirklichen: Mit möglichst wenigen, aber effizienten Einsatzmitteln durch perfekte Handhabung das Ziel zu erreichen.

Besonderes Augenmerk bei der Ausbildung richtete das GEK auf die Zusammenarbeit der Halbgruppe (Trupp oder *Team* mit 5 Mann). Dies gilt

Kletterausbildung am Peilstein (NÖ) in den 70er-Jahren: Überwinden einer Schlucht am Seil. *Foto: Nuster*

98

auch für die Seiltechnik. Jeder kennt haargenau seine Aufgabe und die Aufgaben der anderen.

Meilensteine in den Lehrjahren waren die »hohe Pyramide«, mit der eine Halbgruppe ohne Hilfsmittel Höhen bis weit über 5 Meter erreichen kann, der Sprung durch verglaste Fenster, das Abseilen von den Kufen eines schwebenden Hubschraubers, das »Schnellabgleiten« von Brücken auf fahrende Schiffe, verschiedene Beobachtungs- und Sicherungsmethoden vom Fenster und die so genannte *Fensterpyramide*.

Der große Unterschied zwischen »Damals« und »Heute« besteht darin, dass Techniken im Laufe der Jahre abgestimmt sowie perfektioniert wurden, Ausbildungsanlagen und Ausrüstung für alle Belange in höchster Qualität in nächster Nähe vorhanden sind, dadurch wertvolle Zeit für die Schulung gewonnen wurde und immer jüngere, leistungsstärkere Gendarmen rekrutiert werden konnten.

Berndorf, 70er-Jahre. Ein heute altgedienter GEK-Beamter beim Seilakt. Der »Blaumann« dahinter – ein GEK-Rekrut – hat Probleme.
Foto: Nuster

Verwendung

a) Zum Anseilen für leichte Eistouren,
b) bei Gletscherüberquerungen,
c) Anseilen des Mittelmannes bei leichten Fels- und Eistouren und beim angeseilten Abfahren mit Schiern,
d) beim Marsch im Gebirge von allen Soldaten, wenn fallweise eine Sicherung durch das Bergseil notwendig wird.

Rechts: Das Brustgeschirr von einst.

Sprengwesen

Bis 1980 beschränkte sich das Sprengwesen beim GEK auf das Kontrollieren von Sprengmitteln im Auftrag von Behörden. Erst im Oktober 1980 absolvierten acht Mitarbeiter den ersten Sprengbefugtenlehrgang.

Die Anwendung von Sprengmitteln ergab sich erst aufgrund der erweiterten Aufgabenstellung des GEK: Die Beamten müssen in der Lage sein, im Falle der Notwendigkeit dosiert Sprengmittel anzuwenden, um z. B. ohne nennenswerte Gefährdung Türen und Mauern aufzusprengen. Zugangssprengungen und Unterwassersprengungen wurden entwickelt. Seit 1999 werden Beamte in besonderen Kursen zu so genannten Sprengbefugten * ausgebildet.

1995 reformierte die Einheit das Sprengwesen grundlegend.

Der Entschluss zur Gründung dieser Spezialgruppe innerhalb des GEK, vor allem aber jener zur Neuausrichtung und Weiterführung dieses Bereiches, gründet auf der Überlegung, dass auch in Extremfällen noch eine Option für den Einsatzleiter bestehen muss, um nach

---

* Näheres zu Ausbildung und Aufgaben des Sprengbefugten bei Spezialeinheiten der österreichischen Polizei und Gendarmerie, Seite 76 ff.

Eine »schöne« Versuchssprengung. Nicht nur etwas fürs Auge, sondern auch wirkungsvoll. *Foto: Franz Posch*

dem »*Ultimo-ratio*-Prinzip« höchst komplexe Lagen bewältigen zu können. Man kann es auch einfacher ausdrücken: Wenn alle anderen Mittel versagten oder sich als wirkungslos erwiesen, hat man noch etwas in der Hinterhand.

Diese »*Ultima ratio*« sollte aber nicht mit jenen Spreng-Zugriffstechniken verwechselt werden, die seit längerem fester Bestandteil der Einsatztaktik sind.

Zur Erlangung der »zivilen« Sprengbefugnis, die Grundvoraussetzung für Sprengarbeiten, organisierte das GEK im September 1995 für 24 Beamte einen Ausbildungskurs beim Wirtschaftsförderungs-Institut Niederösterreich (WIFI NÖ). Als Vortra-

Gesicherte Überbringung eines Teiles der selbstlaborierten hochbrisanten Sprengstoffe durch einen Experten des Entschärfungsdienstes des BMI sowie zwei sprengstoffkundige GEK Beamte (SOKO). Franz Fuchs (†) terrorisierte 1992–1995 die Österreicher mit Sprengfallen und Briefbomben.

Das Ergebnis einer Auto-Sprengung.

Ein Fünfertrupp in Angriffsposition. Der dritte Beamte von links hat den Sprengrahmen in der rechten Hand, in der linken die Zündkabel. Der zweite hält die Türramme bereit, die andern sichern. Man beachte die Helmüberzüge im Bundeswehr-Tarn-muster. *Foto: Franz Posch*

gender konnte Amtsdirektor Regierungsrat Rudolf Hikade, eine Legende auf dem Gebiet des Spreng-wesens in Österreich, gewonnen werden. Die Ausbildung, die mit einer Prüfung bei der Nieder-österreichischen Sicherheitsdirektion abschloss, umfasste auch die Bestimmungen des Europäischen Übereinkommens über die internationale Beför-derung gefährlicher Güter auf der Straße (ADR). Alle Sprengbefugten des GEK verfügen daher auch über eine entsprechende »Gefahrengutberechtigung« für den Straßentransport von gefährlichen Gütern. Mit dieser Legitimation und dem theoretischen Wissen war es natürlich nicht getan. Die eigent-liche Arbeit begann erst, um das angestrebte Ziel, die Durchführung von Rettungs- und Zugangspren-gungen unter strikter Beachtung der Verhältnis-mäßigkeit der eingesetzten Mittel, zu erreichen.

Zu diesem Zweck wurde und wird jede Gele-genheit genutzt, in Abbruchobjekten Sprengver-suche durchzuführen. Mit der konsequenten Aus-führung dieser »Knochenarbeit« tasteten sich die Spezialisten des GEK an das vorgegebene Ziel heran und, wie Vorführungen zeigten, man hat es auch erreicht. So war es augenscheinlich möglich, aus einer Mercedes-Motorhaube ein »Herz« herauszu-sprengen und so zum Herz des Autos – dem Motor – zu gelangen.

Das Erlernte in der Praxis zu beherrschen und sich immer neue Ziele zu setzen, ist ein »Muss«, denn Stillstand bedeutet Rückschritt. Daher wird beim GEK der internationale Erfahrungsaustausch großgeschrieben. Wie wichtig das ist, zeigt u. a. die Geiselbefreiungsaktion in Mogadischu, bei der zwei Angehörige des britischen SAS die GSG 9 unterstützten, indem sie Ablenkungsgranaten vor der Kanzel des Flugzeugs zündeten. *

Als »Sonderverwendung in der Sonderverwen-dung« gibt es die »Sachkundigen Organe«: 16 Be-amte des GEK sind derzeit »Einsatzsprenger«.

---

* Siehe dazu die Schilderung von Ulrich K. Wegener bei *Frank B. Metzner, Joachim Friedrich: Polizei-Sonderein-heiten Europas. Geschichte – Aufgaben – Einsätze.* Motor-buch Verlag, Stuttgart 2002. Seite 27 f. (Auszug): *»Zur Ablenkung hatten zwei britische SAS-Soldaten, Major A. M. und Sergeant B. D., Blendgranaten vor dem Cockpit gezündet. Die enthielten damals noch Phosphor. Das ist höchst feuergefährlich. Wir hatten die Dinger vorher in Dubai ausprobiert. Danach kam für mich ein Einsatz in der Maschine, wo wir sie noch besser hätten gebrauchen können, nicht mehr in Frage. Später habe ich erfahren, dass dem SAS bei einer Übungslage mal eine gesamte Maschine abgebrannt ist.«*

Fahrausbildung

Bereits zum Zeitpunkt der Gründung war klar, dass die Einheit, um ihrer Zweckbestimmung gerecht werden zu können, schnelle Einsatz- und gut ausgerüstete Sonderfahrzeuge benötigte.

Da der Umgang mit diesen hochwertigen Kfz eine gediegene Fahrausbildung erfordert, stellen die Fahrerlehrgänge einen festen Bestandteil der Ausbildung dar. Das GEK führt alljährlich mehrere Fahrkurse durch, die auf den jeweiligen Teilnehmerkreis abgestimmt sind:

- Fünftägige Fahrerlehrgänge für die Beamten der beiden Ausbildungseinheiten,
- zweitägige Sicherheitslehrgänge für die Beamten der Einsatzabteilung und des Stabes,

Auf der Beregnungsanlage stoßen so mancher Fahrer und so manches Fahrzeug an ihre Grenzen.

Eine Szene aus der Fahrausbildung in den 90er-Jahren.

- eintägige Geländefahrkurse für die Beamten der Einsatzabteilung und des Stabes,
- zweitägige Sicherheitslehrgänge für Berufskraftfahrer.

Grundsätzlich beginnt jeder Lehrgang mit einem Theorieblock, der die technische Ausrüstung der Fahrzeuge, die Fahrphysik, die richtige Sitzposition und die Lenkradhaltung beinhaltet.

Der Kursteilnehmer soll in die Lage versetzt werden, Gefahren frühzeitig zu erkennen, zu vermeiden und, wenn nötig, zu bewältigen. Da es aber Situationen gibt, die weder vorher zu erkennen noch zu vermeiden sind, entscheidet die gute Beherrschung der Fahrtechnik, ob sie bewältigt werden können.

Die Ausbildungsprogramme sind so aufgebaut, dass mit zunehmender Kursdauer der Schwierigkeitsgrad der Übungen gesteigert wird und die Anforderungen an den Fahrer stetig nach oben klettern.

Grundlehrgang

Fahren einer Slalomstrecke
Fahrlehrer demonstrieren, wie sich das Fahrzeug durch rasch eintretende Lastwechsel aufschaukelt, instabil wird und schließlich ausbricht.

Durch richtige Lenkmanöver und Dosierung der Geschwindigkeit lassen sich diese Erscheinungen in einem kontrollierbaren Rahmen halten.

Kurvenfahren
Durch Befahren verschiedenster Kurvenkombinationen üben die Kursteilnehmer das richtige Anbremsen, das rechtzeitige Einlenken und das zügige Durchfahren von Kurven.

Bremstechniken
Die Teilnehmer üben verschiedene Bremstechniken. Blockierbremsungen entfallen, da alle Fahrzeuge ABS und ESP haben. Statt dessen wird eben ABS-Bremsen geschult. Besondere Metho-

Vorführung: Überfahren einer Schnellsperre. Die Hohldorne lassen innerhalb von Sekunden die Luft aus den Reifen ab.

Vollbremsung auf nasser Fahrbahn.

den, wie z. B. Schlupfbremsen, folgen. Die Manöver werden bei unterschiedlichen Fahrbahnverhältnissen durchgeführt, sodass den Fahrern die Einflüsse auf die Länge des Bremsweges vor Augen geführt werden.

Ausweichen vor Hindernissen
Bremsen und Ausweichen vor einem stehenden Hindernis bei trockener und nasser Fahrbahn sowie Ausweichen vor geworfenen Hindernissen ohne zu bremsen stehen im Vordergrund.

Während bei Fahrzeugen mit ABS das Hindernis bei durchgetretenem Bremspedal umfahren werden kann, bedarf es bei konventionell gebremsten Fahrzeugen erheblicher Überwindung, die Bremse rechtzeitig zu lösen, um ungebremst am Hindernis vorbeizulenken.

Diese Grundausbildung macht den Beamten mit dem Einsatzfahrzeug vertraut, zeigt dessen und seine Möglichkeiten und Grenzen auf und soll ihn letztendlich in die Lage versetzen, auch unter der nervlichen Anspannung seiner Einsatzfahrt das Fahrzeug sicher zu beherrschen.

In einer abschließenden Wertungsfahrt unter Zeitdruck müssen die Schüler einen Parcours mehrfach durchfahren. Wer die geforderten Manöver nicht richtig ausführt, wird mit Zeitzuschlägen belastet. Beamte, die der Nervenanspannung nicht gewachsen sind und keine wesentliche Leistungssteigerung erkennen lassen, scheiden als Einsatzfahrer aus.

In einem zweiten Wertungsdurchgang ist ein Geschicklichkeitsparcours zu absolvieren, bei dem es weniger auf hohe Geschwindigkeit als vielmehr auf exaktes Rangieren des Fahrzeuges auf engstem Raum ankommt.

Schon mancher, der sich nach dem ersten Durchgang als »aufsteigender Stern am Rennfahrerhimmel« sah, fand sich in der Endabrechnung im mäßigen Mittelfeld, nachdem er im Gewirr der Tore und Hindernisse Strafpunkte gesammelt hatte.

Sicherheitslehrgang

Mit dem Ziel, kritische Extremsituationen im Rahmen des Personen- und Begleitschutzes bewältigen zu können, werden – auf dem Grundlehrgang aufbauend – in diesem polizeispezifischen Sicherheitslehrgang verschiedene Fahr- und Fluchtmanöver trainiert. Im Mittelpunkt dieses Kurses stehen die sichere Beherrschung zweier Übungen:

C-Wende: Drehung des Fahrzeuges um 180 Grad aus der Rückwärtsfahrt

O-Wende: Drehung des Fahrzeuges um 180 Grad aus der Vorwärtsfahrt.

Am Ende müssen die Fahrer in der Lage sein, diese Übungen paarweise auf engstem Raum durchzuführen. Dabei dürfen weder das andere Fahrzeug noch die mit Haberkorntüten markierten Fahrbahngrenzen berührt werden.

Aufstellung zur Fahrausbildung für UN-Einsätze. Das GEK leistet Hilfestellung. Der blaue UAZ 469b des Autors bringt nicht nur Farbe ins Spiel, sondern zeigt deutlich den »Ost-West-Standard« auf.

Noch eine der einfachsten
Übungen. »Loretto«, wie es
alle lieben.

Hier wird es schon schwieriger. Ein Ausbilder (rechts)
gibt Anweisungen und Rat-
schläge.

108

Opel *Frontera* der Gen-
darmerie »auf Achse«.

Gruppenbild der Fahr-
schüler. Der *Frontera*
steht nur auf drei Rädern.

Geländefahrkurs

Da ein bedeutender Teil des Bereitschaftsgerätes im Alarmierungsfall in geländegängigen Fahrzeugen mitgeführt wird, müssen deren Fahrer über die Einsatzmöglichkeiten dieser Fahrzeuge genau Bescheid wissen.

Der Umgang mit Differentialsperre und Allradantrieb will gelernt sein; deshalb müssen Mensch und Material ihre Fähigkeiten abseits von befestigten Wegen im mittleren und schwierigen Gelände beweisen. Um im Einzelfall das Gerät möglichst nahe an den Einsatzort heranführen zu können, muss der Fahrer das zu befahrene Terrain sicher beurteilen können. Es bedarf einer entsprechenden Erfahrung und einer gehörigen Portion Mut, ein geländegängiges Spezialfahrzeug auch im Grenzbereich sicher zu beherrschen.

Fast jeder Teilnehmer stieg nach seiner ersten harten Geländefahrt mit schweißtriefendem Gesicht und weichen Knien aus dem Fahrzeug, dessen Kletterfähigkeiten er meist gewaltig unterschätzt hatte. Gefahren werden die Übungen mit dem bei Steyr in Österreich konstruierten und gebauten Puch G (Mercedes G) sowie dem – nach Meinung des Verfassers – besten Geländefahrzeug seiner Klasse, dem Steyr-Pinzgauer.

Das GEK hält auch Geländefahrkurse für Polizei- und Gendarmerie-Beamte ab, die zum UN-Dienst ins Ausland gehen. Das zu erwartende Gelände wird nach Möglichkeit »nachgestellt« und nachgefahren.

Sicherheitslehrgänge für Berufskraftfahrer

Auch die Fahrer hochgestellter Persönlichkeiten (Minister, Mitglieder der Landesregierung etc.) kommen in den Genuss zweitägiger Sicherheitslehrgänge des GEK. In einem Theorieblock wird dieser Personenkreis für die Probleme eines wirksamen Personenschutzes sensibilisiert. Im praktischen Teil werden die wesentlichen Inhalte des Grundlehrganges in gedrängter Form vermittelt.

Aufbauend auf diese Übungen werden dann die wichtigsten Wendemanöver gelehrt und die erlernten Fahr- und Fluchtmanöver trainiert. Der Schwie-

rigkeitsgrad wird allerdings erhöht. Das »Um« und »Auf« ist eine Vorbereitung auf kritische Situationen. Wesentlich ist die Erkenntnis, dass in solch einer Situation reagiert werden muss und dass das Fahrzeug auch in schwierigen Situationen durchaus beherrschbar bleibt.

Eine gleichwertige Ausbildung und das Vertrauen in die Fähigkeiten der Fahrer ermöglichen ein wesentlich wirksameres Zusammenwirken bei der Führung und Sicherung von Konvois.

Die Fahrlehrer

Jeder Fahrlehrer trägt die Verantwortung für sein Fahrzeug und für vier Kursteilnehmer. Um von den Teilnehmern ein umfassendes Bild zu bekommen, wechselt der Lehrer mit seiner Gruppe ebenfalls von Station zu Station. Selbstredend beherrscht er alle Übungen, zumal er den Kursteilnehmern die Übungsvorgabe erklären und schließlich auch fehlerfrei vorzeigen muss.

Die Fahrlehrer werden wiederum in Spezialkursen von bekannten Rallye- und Renn-Spezialisten, wie z. B. Ramo Aaltonen, Rudolf Stohl oder Walter Röhrl, trainiert.

Übungsgelände

Geübt wird auf dem Reifenprüfgelände der Firma Semperit in Kottingbrunn, ganz in der Nähe des GEK-Standortes. Großzügig angelegte Sturzräume, verschiedenste Fahrbahnbeläge, mehrere Sprinkleranlagen sowie eine Rutschplatte mit einem anspruchsvollen *Handling*-Kurs sorgen für ein abwechslungsreiches Programm.

Die Geländefahrkurse finden in der Nähe von Loretto statt. Auch der Autor machte hier seinen Heeresfahrlehrerschein auf dem Krad (Puch MCH 250) und kann ein Lied von den Tücken des Terrains singen.

Aufgrund der vorgestellten Lehrgänge konnte das GEK die Unfallrate seiner Fahrer niedrig halten. Der Ausbildungsstand entspricht den Anforderungen einer Sondereinheit und kann im internationalen Vergleich als sehr gut bezeichnet werden.

Fallschirmspringen

Die Ausbildung zum Fallschirmspringer ist seit 1988 für jeden GEK-Beamten Pflicht. Sie dient der Persönlichkeitsschulung und der Motivation und hat vor allem einen einsatztaktischen Hintergrund: Es gibt bestimmte Lagen, die ein Landen auf Hausdächern, in verbautem Gebiet oder in alpinen Regionen erfordern. Außerdem bieten besondere Flächenschirme die Möglichkeit, unerkannt aus großen Höhen und Entfernungen einzugleiten.

Basisausbildung: GEK-Gendarmen beim Packen von Rundkappenfallschirmen in der Packhalle des Zentrum Jagdkampf in Wiener Neustadt. Jeder Mann packt seinen Fallschirm grundsätzlich selbst. Das »Packbücherl« mit Name, Datum und Unterschrift befindet sich in einer kleinen Tasche des Fallschirms. *Foto: Franz Posch*

Erlass des BMI vom 21.10.1988, Zl.: 5746/106-II/5/88. Auszug aus der Uniformvorschrift der Gendarmerie § 89 Ziff. g

Funktionsabzeichen für Fallschirmspringer

(1) Beamte des Gendarmerie-Einsatzkommandos mit abgeschlossener Fallschirmspringer-Ausbildung dürfen das Stoffabzeichen mit silber- bzw. goldfarbener Bestickung (für Basiskurs bzw. Sonderbefähigung) auf dem Feldanzug 75 und auf dem grauen Uniformrock tragen, letzteres auch dann, wenn sie nicht mehr beim GEK Dienst versehen.

(2) Das Abzeichen ist unmittelbar oberhalb der rechten Brusttasche des Feldanzuges 75 bzw. des grauen Uniformrockes zu tragen.

Fallschirmspringerabzeichen in Silber (oben) und Gold (Mitte) sowie für Fallschirmsprunglehrer (unten).

Die Fallschirmspringerausbildung erfolgt zum Teil im Zuge der »Amtshilfe« im benachbarten *Zentrum Jagdkampf* * des Bundesheeres in Wiener Neustadt.

Um dem GEK eine gewisse selbstständige Lufttransportfähigkeit zu verleihen, stationierte das Bundesministerium für Landesverteidigung im Zuge der Grenzüberwachung einen Heeres-Hubschrauber AB 212 beim GEK. Dieser steht der Einheit bei Einsätzen als Transportmittel zur Verfügung.

Militärfallschirmspringer-Basisausbildungskurs (MFSchF BaAk – GEK)

Im Zuge des Auswahlverfahrens werden die Bewerber auch auf ihre Flugtauglichkeit untersucht. Nach Absolvierung der sechsmonatigen Basisausbildung beim GEK müssen die frischgebackenen GEK-Beamten abschließend die Militär-Fallschirm-

springer-Basisausbildung (MFSchF BaAk – GEK) beim Bundesheer in Wiener Neustadt durchlaufen, bevor sie in die Einsatzeinheiten kommen.

Zweck des Kurses sind die Stressschulung, Stressbewältigung und das Erlernen eines Fallschirmabsprunges unter nicht einsatzmäßigen Bedingungen. Nach einer Woche Bodenausbildung wird erstmals durch die offene Tür eines Flugzeuges gesprungen. Aus 400 Metern Höhe erfolgen drei Automatensprünge mit Rundkappenfallschirm EFA 696, wobei die Öffnung durch eine Leine automatisch erfolgt. An den bisher 15 Kursen (2001) nahmen insgesamt 496 Beamte teil. Bisher hat es noch keine einzige Verweigerung gegeben. Nach erfolgreichem Abschluss erhalten die Teilnehmer ein Dekret des Bundesheeres und des GEK sowie das Fallschirmspringerabzeichen des GEK in Silber.

Die Fallschirm-Leistungsgruppe

Besonders qualifizierte Beamte erhalten nach entsprechenden Tests die Möglichkeit, der Leistungsgruppe beizutreten. Nach Besuch eines fünfwöchigen Aufbaukurses für das Springen mit manueller Auslösung erfolgt die Ablegung der erforderlichen Prüfungen gemäß Zivilluftfahrtpersonalverordnung

---

* Siehe Jagdkommando. Sondereinheiten des österreichischen Bundesheeres. Seite 91 ff.

§ 103–108 (ZLPV). Danach erhält der Beamte vom Österreichischen Aeroclub den Fallschirmspringerschein.

Nun erfolgt die Zuweisung einer dienstlichen Fallschirmspringerausrüstung, bestehend aus:

■ Gurtzeug mit Haupt- und Reservefallschirm,
■ Notauslösegerät CYPRES,
■ Gurtzeugplane,
■ Helm,
■ Sprungbrillen,
■ Höhenmesser,
■ Sprungmesser und
■ Gepäcktasche.

Bei Einsätzen und Einsatzübungen tragen die Fallschirmspringer den allgemeinen schwarzen Einsatzoverall. Für das Sprungtraining beschaffte das GEK einen elastischen schwarzen Fallschirmoverall.

Zweck der 1988 gegründeten Leistungsgruppe ist es, als taktisches Einsatzmittel aus der Luft zu dienen. Die Angehörigen dieser Leistungsgruppe müssen neben ihrer normalen Tätigkeit beim GEK auch die Aufgaben eines Einsatzfallschirmspringers abdecken. Jeder dieser Beamten hat eine komplette manuelle Fallschirmspringerausbildung und dazu verschiedene Sonderausbildungen, wie z. B. im Ziel-, Gleiter-, Nacht- und Alpinspingen. Natürlich im Sommer und im Winter. Die manuellen Absprünge erfolgen in der Regel aus 800 bis 4000 Metern über Grund. Dabei wird auch mit Gepäck und anderen Ausrüstungsgegenständen gesprungen. Hundeführer springen mit ihren Hunden ab. Tandemspringer bringen »Nichtsprungbefähigte« zu ihren Einsatzorten. Trainiert wird planmäßig etwa 2 bis 4 mal monatlich mit Flugzeugen des BMI oder des BH.

Die Springer der Leistungsgruppe haben pro Mann etwa 300 bis 2000 Sprünge absolviert, seit 1988 insgesamt etwa 17.500 Sprünge. Umgerechnet bringt es jeder pro Jahr auf um die 100 bis 130 dienstliche Absprünge.

Die qualifizierten Leistungsspringer tragen das GEK-Fallschirmspringerabzeichen in Gold.

Teilnahme an Wettkämpfen

Mitglieder der Fallschirmspringerleistungsgruppe haben beim Gendarmeriesportverein-Einsatzkommando eine *Sektion Fallschirmspringen* gegründet und nehmen seit 1992 an nationalen und internationalen Wettkämpfen im Fallschirmspringen teil. Sie konnten bei Staatsmeisterschaften und Europacup-Bewerben wie auch beim *Para-Schi* (Zielspringen und Riesentorlauf) regelmäßig im vorderen Drittel »landen« und machten auch bei internationalen Wettkämpfen eine gute Figur. So bei den internationalen *Para Cross*-Wettkämpfen in Freistadt oder beim Zentrum Jagdkampf, wo sie 1999 den 1. Platz errangen. Der *Para Cross* setzt sich aus Fallschirmspringen, Orientierungslaufen und KK-Schießen zusammen.

Beim *Challenge 2000* erkämpften sie den 3. Platz. Der *Challenge* ist ein Dreikampf aller europäischen NATO-Fallschirmspringer-Schulen mit den Disziplinen Fallschirmzielspringen, Orientierungslauf und Schießen.

Fallschirmspringer des GEK im Sprunganzug.

Oben: Zielsprung bei den österreichischen Meisterschaften im *Para Schi* in der Steiermark (1999). In der Bildmitte ist deutlich der Zielkreis zu erkennen, in dem der Springer nach Möglichkeit landen sollte.

Eingesetzte Flugzeuge

- Cessna 182 (verkauft)
- Pilatus Porter
- Short Skyvan SC7
- Erprobungsflugzeuge des Heeres, z. B. Aeritalia G-222

Hubschrauber

- Jet Ranger
- AB 206
- AB 212
- Ecureuil AS 350 B1 bis AS 355 F2

Links: Ein Leistungsspringer unter dem GEK-Demoschirm kurz vor der Landung. *Foto: Franz Posch*

Fallschirmsprunglehrer und Diplomlehrwarte

Mit Bescheid Zl. 1243-10/3-94 vom 9. Mai 1994 der *Austro Control* wurde dem GEK die *Ausbildungs- und Betriebsaufnehmebewilligung der Zivilfahrtsschule* für das Fallschirmspringen erteilt.

Anders ausgedrückt: Für besonders qualifizierte GEK-Leistungsspringer besteht die Möglichkeit, sich zu Fallschirm-Sprunglehrern für die interne »Fallschirmspringerschule« ausbilden lassen (Einsatz als Fallschirm-Sprunglehrer und als Fallschirm-Sprunglehrer bei der MFSchF BaAk – GEK bzw. bei Nachschulungen für die Leistungsgruppe).

Die Einheit verfügt derzeit über drei eigene Fallschirmsprunglehrer. Sie tragen das Fallschirmspringerabzeichen in Gold, wobei der Fallschirm rot-weiß-rot unterlegt ist.

Diplomlehrwarte

1991 wurden erstmals drei Beamte des GEK an der Bundesanstalt für Leibeserziehung in Graz zu staatlich geprüften Diplomlehrwarten im Fallschirmspringen ausgebildet.

Die beiden Standardschirme nebeneinander. Links der Rundkappenschirm EFA 696, rechts der Tandemschirm PARAFOIL 282.

Der auch beim GEK verwendete Bundesheer-Flächenschirm.

Fallschirme

Automatische Auslösung

Für den automatischen Sprung verwendet das GEK den Rundkappenfallschirm EFA 696 des österreichischen Bundesheeres mit 74 m² Fläche.

Der Schirm hat eine automatische Auslösung mittels Reißleine. Der Schirm bremst die Fallgeschwindigkeit auf etwa 5m/sec. Dies entspricht etwa einem Sprung aus 1,20 m Höhe. Der Schirm lässt sich nur eingeschränkt steuern.

Der Rechteck-Fallschirm PARAFOIL 282 mit einer Fläche von ca. 25,5 m² oder 28 m² besteht aus sieben Zellen. Das GEK verwendet ihn mit einem französischen Gurtzeug seit 1991. Als Besonderheit ist hier der Reservefallschirm am Rücken des Springers befestigt. Der Schirm lässt sich gut steuern und erreicht eine Vorwärtsfahrt von 35 bis

40 km/h, weshalb er als Zielfallschirm für HAHO- und HALO-Verfahren* eingesetzt wird.

---

* HAHO = *High Altitude High Opening;* Absprung in großer Höhe, Öffnen unmittelbar nach Verlassen des Flugzeugs. HALO = *High Altitude Low Opening;* Absprung aus großer Höhe, Öffnen erst wenige hundert Meter über Grund.

Der *Flächenfallschirm DACCAR* der Firma *Parachute de France* hat neun Zellen und eine Fläche von 26 m². Öffnung manuell/automatisch, steuerbar, etwa 35 km/h Vorwärtsfahrt, Gleitzahl etwa 1 : 3. Der Schirm wird zu Ausbildungszwecken und zu Gleiteinsätzen verwendet.

Der *Flächenfallschirm CLASSIC* der Firma EIFF hat sieben Zellen und steht in zwei Flächengrößen

Oben: Sprung im winterlichen Hochgebirge mit Flächengleitschirm.

25 m² und 28 m² zur Verfügung. Er begann 2001 den Zielschirm *PARAFOIL* abzulösen. Die Umrüstung erfolgt schrittweise bis ins Jahr 2003. Die Leistungsdaten der Schirme sind vergleichbar, der *CLASSIC* ist jedoch besser verarbeitet.

Tandemsprung mit Hundeführer und Zugriffshund.

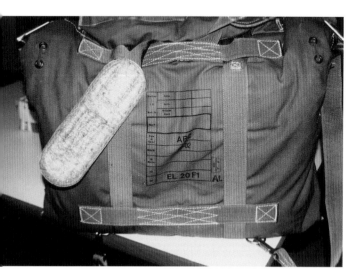

Tragetasche EL 20F1. Man kann im Prinzip hineinpacken, was man will – nur nicht mehr, als der Fallschirm an zulässigem Gesamtgewicht tragen kann.

Lastenfallschirm zum Absetzen von Lasten zwischen 80 und 400 kg. Zum Einsatz kommen ausgeschiedene Personenfallschirme (Haupt und Reservefallschirme). Die Anzahl der Fallschirme ist abhängig vom Gewicht der Last. Die Lebensdauer der verwendeten Fallschirme wird auf Grund jährlicher Überprüfungen festgelegt.

Ein älteres, aber nicht minder zuverlässiges Modell: Der Rettungsfallschirm TAP 511B mit manueller Auslösung. Gewicht 6,5 kg, Sinkgeschwindigkeit 7,5 m/sec bei einem zulässigen Gesamtgewicht von 130 kg, Lebensdauer 15 Jahre. Rechts der Hauptfallschirm ARZ 696.

Der *Flächenfallschirm 304* der Firma EIFF ist ein Flächengleiter mit sieben Zellen und einer Fläche von ca. 25 m² oder 28 m². Er eignet sich besonders gut zum Zielspringen und ist der »Zielschirm« schlechthin.

Tandemfallschirme

1995 schaffte das GEK zwei französische Fallschirmsysteme an, die für Passagierfallschirmsprünge zugelassen sind. Es handelt sich um den

Ein Springer im Einsatzoverall. Am Gurtzeug hängt die Lastentragetasche EL 20F1, mit der sperrige Güter am Mann luftverlastet werden.

CYPRES-Notauslösegerät. Nach dem Einschalten kalibriert sich das Gerät automatisch auf Höhe Null über Grund. Um wirksam zu werden, bedarf es zweier Kriterien: Sobald der Springer die Höhe von 220 m über Grund erreicht oder schneller als 17 m/sec fällt, löst das Gerät automatisch den Reservefallschirm aus.

Nie gebraucht, aber trotzdem unverzichtbar – das Gurtmesser für Notfälle.

Tandemfallschirm Blue Track 80 der Firma *Parachutes de France* mit 210 kg Tragkraft und einer Vorwärtsfahrt bis zu etwa 40 km/h, und den *Tandemfallschirm MMS 740-2*.

Die drei Fallschirmsprunglehrer wurden zu *Tandemmastern* ausgebildet. Das GEK ist nun in der Lage, Beamte mit Spezialausbildungen wie z. B.: Diensthundeführer, Sprengbefugte, Sanitäter etc. zu einem Sondereinsatz mitzunehmen, ohne dass diese vorher eine Fallschirmsprungausbildung durchlaufen müssen. Außerdem lassen sich mit diesen Schirmen im HAHO- und HALO-Verfahren Lasten transportieren. Absprunggewichte von bis zu 210 kg zeigen drastisch, dass das Gewicht des Springers wesentlich ist. Je leichter der Springer, desto mehr Last kann er mitnehmen.

Reservefallschirm

Flächenfallschirm MAGIC 250 (5 Zellen, Absprunggewicht 100 kg) mit großer Vorwärtsfahrt verwendet. Derzeit wird eine Umrüstung auf den *TECHNO 240* (7 Zellen, Absprunggewicht 130 kg) vorgenommen. Beide Schirme stellt die Firma *Parachutes de France* her.

Es werden drei Öffnungsvarianten/Techniken angewandt:
1. *Automatisch:* Bei Versagen des Hauptschirmes wird dieser abgeworfen. Dadurch wird die Öffnung des Reservefallschirmes automatisch eingeleitet. Dieses Notverfahren wurde seit 1988 insgesamt zwölf mal angewendet.
2. *Manuell:* Der Reserveschirm wird über einen Ziehgriff betätigt.
3. *Elektronisch:* Der elektronische Öffnungsautomat (CYPRES) wird so eingestellt, dass er bei einer Höhe von etwa 220 m über Grund und bei einer Fallgeschwindigkeit von über 17 m/sec (z. B. bei Bewusstlosigkeit des Springers) eine Sprengpille zündet, die dann die Zuhaltevorrichtung des Reservefallschirmes durchtrennt, der sich dann selbsttätig öffnet.

Ein GEK-Fallschirmspringer meldet sich vom Flugzeug ab und begibt sich in das in der unteren linken Bildhälfte sichtbare GEK-Zentrum. *Foto: Franz Posch*

Tauchergruppe

Die Tauchergruppe wurde im Jahre 1980 gegründet. Die GEK-Taucher führen taktische Sondereinsätze nach Weisung des BMI in Fällen mit terroristischem Hintergrund sowie in Fällen der Schwerstkriminalität durch. Des Weiteren übernehmen sie Sicherungsaufgaben im Rahmen des Personenschutzes und suchen Schiffe und Hafenanlagen nach sprengstoffverdächtigen Gegenständen ab. Sicherungsbehörden und Sicherheitsdienststellen im ganz Österreich können die Taucher des GEK zu

Taucherabzeichen in Silber und Gold.

Unten: Mit dem typischen Grätschsprung begibt sich ein Einsatztaucher zu Wasser. Sein Rottenkamerad wartet bereits.

Eine Unterwasserkamera (silberfarben) wird für den Tauchgang vorbereitet.

Anschwimmen zum Ufer.

- Such- und Bergeaufgaben in fließenden und stehenden Gewässern,
- Sicherung von Beweisgegenständen,
- Auffinden von vermissten Personen,
- Dokumentation von Umweltdelikten anfordern.

Derzeit hält das GEK zwölf Einsatztaucher bereit, die auch als Motorbootführer ausgebildet und im Umgang mit Sprengstoffen besonders geschult sind. Sie werden im Jahr zu etwa 20 bis 30 Taucheinsätzen herangezogen, wobei es sich vorwiegend um Such- und Bergeaufgaben handelt. Die Erfolgsquote bei diesen Einsätzen ist sehr hoch.

Ausbildung

Bis 1992 wurde die Tauchausbildung beim österreichischen Bundesheer (Zentrum Jagdkampf) durchgeführt. Hier stützte man sich u. a. auf die Tauch-Ausbildung und -Erfahrungen der französischen Armee. Seit 1992 werden die Kurse von erfahrenen Tauchlehrern des GEK veranstaltet.

Grundausbildung

Die Grundausbildung dauert fünf Wochen und besteht aus dem Einführungs- und Grundtauchkurs.

Im *Einführungstauchkurs* werden Strecken-, Zeit- und Tieftauchübungen mit und ohne ABC-Ausrüstung durchgeführt. Während des *Grundtauchkurses* werden das Tauchen mit Presslufttauchgeräten bis zu Tiefen von 40 Metern und das Freitauchen bis zu 20 Metern geübt und perfektioniert. Ebenso wird in verschiedenen Hafen- und Stauanlagen der schnell strömenden Donau getaucht. Die Ausbildungsinhalte im Einzelnen:
- Erkundungen unter Wasser
- Such- und Bergesysteme
- Suche nach Sprengladungen,
- Orientierungsaufgaben mit Suchsystemen
- Partnerrettung
- Nachttauchen
- Absetzen aus Booten und Hubschraubern

Fortbildungs- und Tieftauchkurs

Ziel dieser zweiwöchigen Ausbildung ist die Gewöhnung an Wassertiefen von über 40 bis 50 Metern und die Arbeit mit Bergegeräten in diesen Tiefen. Dabei sind Taucher besonderen Gefahren

Die »Taucherkobra« – Maskottchen am Neoprenanzug eines GEK-Einsatztauchers.

ausgesetzt, denen sie nur durch intensives Üben und der daraus erwachsenden Ruhe und Sicherheit erfolgreich begegnen können. Durch den Anstieg der Atemgaskonzentration in größeren Tiefen kann es insbesondere durch die Wirkung des Stickstoffs zu einem Tiefenrausch und dadurch zu tödlichen Fehlreaktionen kommen.

Jeder Einsatztaucher muss sich an die Grenzen seiner persönlichen Leistungsfähigkeit heranarbeiten, um nicht im Einsatz seine Möglichkeiten zu überschreiten.

Die Seen des Salzkammergutes bieten ideale Möglichkeiten, um entsprechende Tiefenerfahrung sammeln zu können. So finden am Grundlsee und am Hallstättersee umfangreiche Fortbildungs- und Tieftauchkurse statt. Schwierige Hubschrauberbergeübungen runden die Ausbildung ab.

Eistauchen

Alle Mitglieder der Tauchergruppe nehmen an einem einwöchigen Eistauchkurs im Februar und März teil. In zugefrorenen Gewässern und Seen mit Eis-

Eistauchausbildung am Turrachsee (1900 m Meereshöhe). Die Wohnzelte der Taucher stehen mitten auf dem zugefrorenen Gewässer. Dass es trotzdem gemütlich sein kann, zeigen die aufsteigenden Wärmeschlieren aus dem Kamin. Auch die Taucher des Bundesheeres (ZJak) nutzen diesen heimeligen Ort für erfrischende und motivierende Tauchgänge. *Foto: Franz Posch*

Tauchausrüstung und Waffen liegen bereit.

Rechts: Lungenautomat, Unterwasserkompass mit Uhr und Tiefenmesser sowie StG 77 mit kurzem Lauf.

Eine Rotte GEK-Einsatztaucher begibt sich vorsichtig sichernd an Land, die kurzen StG 77 feuerbereit im Anschlag.

Sicherheit wird groß geschrieben. Ausbilder im Schlauchboot überwachen die Taucher.

dicken von rund einem halben Meter und bei Lufttemperaturen von −20 Grad sind die Anforderungen an Mensch und Material extrem, zumal bis ca. 40 m Tiefe getaucht wird. Beliebter Ort ist z. B. der Turrachsee an der Turrach-Pass-Straße, die bei hoher Schneelage meist gesperrt ist. Das Tauchen unter dem Eis muss ständig geübt werden, um eine ganzjährige Einsatzbereitschaft zu gewährleisten.

Kampfschwimmerlehrgang

Den Tief- und Eistauchkursen folgt ein fünfwöchiger Kampfschwimmerlehrgang zur Bewältigung taktischer Aufgaben, darunter Aufklärungs- und Angriffsverfahren sowie Sprengen unter Wasser. Der Lehrgang beinhaltet auch eine Sonderschießausbildung mit dem StG 77 und anderen Waffen. Die Taucher lernen dabei den Umgang mit Kreis-

Eine Rotte kommt an Land. Deutlich ist die Handverbindungsleine oder »Buddy«-Leine zu erkennen, die für den Zusammenhalt bei schlechter Sicht sorgt. Das Gerät in Händen des linken Tauchers ist eine Unterwasserkamera (siehe Abbildung Seite 122).

125

lauftauchgeräten. Diese lassen keine verräterischen Luft- oder Gasblasen an die Oberfläche ab, die den Taucher verraten könnten. Die ausgeatmete Luft wird durch Atemkalk gereinigt und mit Sauerstoff Das Tauchen mit den kompakten Sauerstoffkreislaufgeräten ist, obwohl nur geringe Tiefen erreicht werden, nicht unproblematisch. Die Ausbilder legen daher größten Wert auf die Einhaltung der Sicherheitsbestimmungen und halten den Schülern ständig die drohenden Gefahren vor Augen. Getaucht wird in der Rotte *(»Buddyteam«),* und die Taucher verbindet eine rund 1,5 m lange Handverbindungsleine.

Ständiges Training

Zum Erhalt der Einsatzbereitschaft müssen die Einsatztaucher einmal pro Woche acht Stunden in fließenden und/oder stehenden Gewässern üben – bei Tag und bei Nacht. Dies verbessert nicht nur Leistung und Zusammenarbeit, sondern hilft auch, schwierige Ausbildungsinhalte zu festigen.

Ausrüstung

Neben Nass- und Trockentauchanzügen stehen der Tauchergruppe
- Presslufttauchgeräte
- Sauerstoffkreislaufgeräte
- Unterwasserkommunikationsmittel
- Unterwasserscheinwerfer
- digitale Unterwasserkameras
- Bergeballone verschiedener Leistungsstufen
- UW-Metallsuchgeräte
- stationäre und mobile Füllstationen
- Schlauchboote mit Hartschalenkiel verschiedener Größen mit Verbrennungs/Elektromotoren und außerdem
- geländegängige Spezialkraftfahrzeuge und Anhänger zur Verfügung.

Oben: Unterwasser-Kommunikationsgeräte.

Der Autor mit den Kopfhörern der »Funkgarnitur« an den Ohren hält die »Antenne« in der Hand. Das Gerät arbeitet nicht mit Funk-, sondern mit Ultraschallwellen. Dazu muss die »Antenne« (der kleine Topf) unter Wasser.

Sanitätsdienst

Wie jede größere Einheit hat auch das GEK eine eigene Sanitätskomponente. Zu ihren Aufgaben gehört die sanitätsdienstliche Betreuung aller Gendarmeriebeamten, Vertragsbediensteten, Kursteilnehmer des GEK. Zur Betreuung und Therapie von etwaigen Krankenrevierpatienten sind in zwei Krankenzimmern insgesamt 6 Betten vorhanden.

Das Sanitätspersonal des GEK besteht aus:
■ Einem Vertragsarzt (Internist, Facharzt, Sportmediziner und Notarzt);
■ 3 Sanitätsunteroffizieren mit Pflegehelferausbildung, darunter zwei staatlich geprüfte Heilmasseure und zwei Bootsführer (Taucheinsätze);

■ 3 Sanitätsgehilfen (ein Sanitäter versieht täglich 24 Stunden Bereitschaftsdienst)

Laut Ausbildungsplan wird jeder so genannte Außendienst mit GEK-eigenen Sanitätern und San-Kfz abgedeckt. Zusätzlich wird der Sanitätsdienst des GEK von anderen Polizei- oder Gendarmeriedienststellen angefordert, so bei Staatsbesuchen, Demonstrationen oder anderen Großereignissen (Großer Ordnungsdienst). Insbesondere die Gendarmeriesanitäter in den einzelnen Landesgendarmeriekommanden können die Unterstützung der GEK-San-Kfz gut gebrauchen.

Das Notarztfahrzeug des GEK. In den Farben des Roten Kreuzes gehalten, jedoch mit Aufschrift »GENDARMERIE«.

Zu den GEK-internen Aufgaben des Sanitätsdienst gehören bei den Auswahlverfahren

- Definitivstellungs-Untersuchungen
- Eignungsuntersuchungen für Spezialverwendungen wie z. B. Auslandsverwendungen/UN Einsätze, Taucher, Fallschirmspringer, Sport-Kader etc.
- Arbeits- und sozialmedizinische Aufgaben (Unterkunft, Dienstküche)
- Hygieneaufsicht
- Impfungen
- Betreuung bei Taucheinsätzen und Übungen
- Sanitätsdienst bei Einsatztaktik, Schießen, Seiltechnik, Hubschrauberausbildung
- Notfallvorsorge bei Einsätzen und Übungen.
- Aus- und Weiterbildung der eigenen Gendarmeriesanitäter,
- Ausbildung aller GEK-Beamten in Erster Hilfe und Rettungsschwimmen.
- Desinfektion und Kontamination, insbesondere nach Tränengaseinsätzen
- Sanitätsdienst beim Dienstsport, etwa beim Hindernislauf und Nahkampf etc.
- Periodische Blutspendeaktionen mit dem Roten Kreuz

Dem Sanitätsdienst stehen ein Ordinationsraum für ärztliche Untersuchungen (mit Warteraum), eine Kanzlei für San-Sacharbeiter sowie zwei Untersuchungs- und Behandlungsräume mit einer computergestützten Ergometriestation, einer Spirometrie, einem Notfallplatz mit Defi- und Beatmungseinheit zur Verfügung (Defi = Defibration). Weiters ein physikalischer Behandlungsraum mit Reiz- und Schwellstrom, Kurzwelle, Ultraschall, Kälte- und Wärmebehandlung, Massagetisch, Inhalation, automatischer Blutdruckmessung, Refloton-Labor, Haschomat, Sterilisator. Notfall-Taschen, Arzneimittel usw. vervollständigen die Ausrüstung.

Die beiden Krankenzimmer sind mit Fernsehern, einem Sauerstoff-Anschluss je Bett, Nottasten und indirekter Beleuchtung ausgestattet. Eine Nasszelle und WC sowie eine Sitzbadewanne dienen der Hygiene. Eine Ausstattung, die einer modernen und der Genesung dienenden Krankenpflege entspricht.

Für die Fahrkomponente stehen zwei Krankenwagen mit Funk und Mobiltelefon bereit. Es sind dies ein:

- Notarztwagen (VW T4 Syncro HD) mit Fahrtrage auf verstellbarer Bühne, Ambulantic, Sauerstoff-Anlage, Perfusor, Defigrad 2002, Verbrennungs-Set, Schaufeltrage, Vakuummatratze, Tragetuch, Vakuumschienen, Kühlschrank, Wärmebox, Absaugeinheit, Koffer-Set sowie die Notfallmedikamente in einer Schrankeinheit.
- Rettungstransportwagen (VW T4 Syncro HD). Dieses Fahrzeug ist mit einer Krankentrage, Tragesessel, Medimac, Sauerstoff-Anlage, Tragetuch, Infusionsbesteck, Wärmebox, Verbrennungsset, Notfall- und Verbandkoffer, Corpuls 300 Defi, Absaugeinheit, Schaufeltrage und Vakuummatratze sowie Vakuumschienen ausgestattet.

Eine zusätzliche Ausstattung mit Zarges-Kisten ermöglicht den Transport des Gerätes per Bahn und Luftfahrzeugen.

Als Handgepäck sind noch eine ärztliche Bereitschaftstasche für den Vertragsarzt sowie zwei Notarztkoffer (Ulmer-Koffer) in Bereitschaft, außerdem wurden 2002 zwei halbautomatische Defis zugewiesen.

Jeder Sanitäter hat seine individuell gepackte Bereitschaftstasche, für die er verantwortlich ist.

Das San-Material der beiden San-Kfz sowie in den ärztlichen Ordinationen wird quartalsmäßig gecheckt und natürlich nach jedem Gebrauch ergänzt und wiederum komplettiert. Alle sanitätsdienstlichen Maßnahmen werden in einem Krankenbuch dokumentiert und bei Revier-Kranken zusätzlich eine Fieberkurve mit Therapieplan erstellt.

Für die Außendienste, speziell beim Fallschirmspringen und der Alpinausbildung, stehen drei spezielle Notfallrucksäcke bereit, die dort verwendet werden können, wo die Unfallstelle sich nicht mit einem Kfz erreichen lässt. Alle Sanitäter des GEK sind auch für Einsätze im Rahmen der Hubschrauber- und Tauchausbildung ausgebildet. Für derartige Einsätze stehen dem GEK auch die Rettungshubschrauber des Innenministeriums, des ÖAMTC und des Bundesheeres zur Verfügung.

Um Unfallopfer effizient versorgen zu können, gehört es zu den Aufgaben der Gendarmeriesanitäter, vor Ort mit zuständigen Rettungsorganisationen Verbindung aufzunehmen und ein Notfallkonzept zu erstellen. In der Praxis wird hauptsächlich GEK-Personal betreut bzw. versorgt, doch im Zuge der Unterstützung ziviler Rettungsdienste haben die GEK-Sanis natürlich auch schon Zivilpersonen versorgt.

Zur Kennzeichnung stehen den Sanitätern sowie dem Arzt Armaufschiebeschlaufen, Dienstabzeichen und Umhänge-Warnwesten zur Verfügung. Die Sanitätsfahrzeuge wurden mit Zustimmung des Roten Kreuzes im »Rettungsdesign« lackiert, lediglich die Aufschrift GENDARMERIE sowie das Nummernschild mit dem BG-Kennzeichen (= Bundesgendarmerie) unterscheidet sie von den üblichen Rettungsfahrzeugen.

Alle Dienstfahrzeuge des GEK sind außer mit der üblichen Verbandskassette auch mit Taschenbeatmungsmasken ausgestattet, und es soll in diesem Zusammenhang auch nicht unerwähnt bleiben, dass alle GEK-Angehörigen einen 16-stündigen Erste-Hilfe-Kurs besuchen sowie jährlich sechs Stunden »schwerpunktmäßige Fortbildung« betreiben müssen.

Die Sanitäter werden im Krankenhaus Wiener Neustadt sowie im sportmedizinischen Zentrum jährlich zwei Wochen fortgebildet und besuchen auch Seminare und Kurse der diversen medizinischen Veranstalter.

Die zweckorientierte und praktische Sanitätsversorgung entsteht u. a. auch dadurch, dass der Sachbereichsleiter der San-Stelle des GEK selbst über 30-jährige Rettungsdiensterfahrung verfügt und ausgebildeter Notfallsanitäter und Sanhilfe-Lehrbeauftragter des österreichischen Roten Kreuzes ist. Das GEK besitzt daher auch ein erprobtes Konzept zur Sicherstellung der medizinischen Erstversorgung; auch in finan-

zieller Hinsicht durch eine sichere Budgetierung. Die Zusammenarbeit mit anderen Rettungsdiensten ist beispielhaft, sodass kein Konkurrenzgedanke aufkommt.

Die Sanitätsstelle des GEK zeigt praktisch, dass der innerbetriebliche Sanitätsdienst von engagierten und natürlich auch dafür bestens qualifizierten Beamten geführt wird. Dadurch steigen natürlich auch die Motivation und das Sicherheitsgefühl aller Gendarmen in ihrem an Gefahren reichen Dienst.

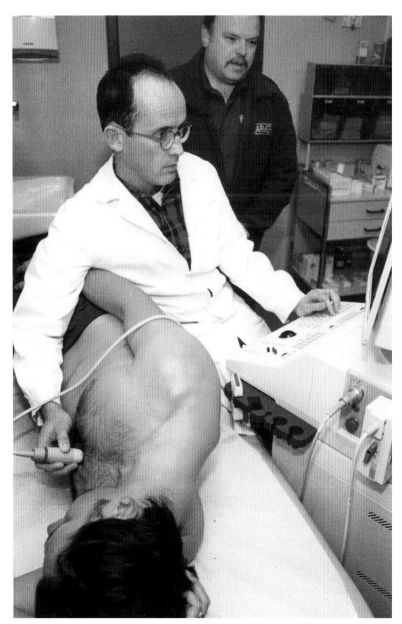

Untersuchung eines GEK-Beamten mit modernen Geräten. *Foto: Franz Posch*

Personenschutz

Im Juni 1981 wurde das GEK mit einer neuen Aufgabe betraut – dem Personenschutz für den österreichischen Bundeskanzler, die Bundesregierung sowie für ausländische Gäste und »besonders zu schützende Personen«.
Der Auftrag an das GEK lautete damals:
■ Personenschutz für gefährdete Persönlichkeiten sowie

■ die Behandlung der Thematik und die Problematik dieses Einsatzgebietes,
■ der möglichen Bedrohungsformen,
■ die Aufarbeitung von Realfällen und simulierten Zwischenfällen,
■ die praktische Durchführung von taktischen Formationen.

Papstbesuch in Österreich vom 19.–21. Juni 1998. GEK-Beamte übernahmen den Personenschutz. Foto: Franz Posch

Stewardessen mit GEK-Flugbegleitern in adretter AUA-Uniform.
Foto: Franz Posch

Weltwirtschaftsgipfel in Salzburg, Juli 2001. Die Fahrzeuge für Staatsmänner und Wirtschaftsmagnaten stehen bereit.

In Personenschutz- und Objektschutzangelegenheiten ist eine bundesweite Einheitlichkeit bei den Sicherheitsvorkehrungen gewährleistet. Diese sind in vier Gefährdungsstufen festgelegt. Die Festlegung der Gefährdungsstufen erfolgt nach eingehender Lagebeurteilung. Als Beispiel sei hier die niedrigste Gefährdungsstufe angeführt:

Eine Person gilt als nicht gefährdet, erhebliches Öffentlichkeitsinteresse kann jedoch zu Gefahrensituationen führen. Bei den österreichischen Organen verfassungsmäßiger Einrichtungen sowie Vertretern ausländischer Staaten oder internationaler Organisationen sowie Völkerrechtssubjekten, zu deren Schutz Österreich verpflichtet ist, wird diese Gefährdungsstufe vom BMI in Absprache mit den örtlich zuständigen Sicherheitsbehörden entsprechend den vorliegenden Erkenntnissen festgelegt. Um ein möglichst objektives Gefährdungsbild zu erlangen, stellt die rasche Information und Berichterstattung der Sicherheitsbehörden ein wesentliches Kriterium dar. In den übrigen Personenschutzaufgaben werden die Gefährdungsstufen und die dafür vorgesehenen Schutzmaßnahmen von den jeweiligen Sicherheitsbehörden bestimmt.

Ist die Gefährdungsstufe festgelegt, werden entsprechende Schutzmaßnahmen vorgesehen. Grundsätzlich werden die Schutzmaßnahmen von jener Sicherheitsbehörde festgelegt, die auch für die Festlegung der Gefahrenstufe zuständig ist.

Im Personen- und Objektschutz wird bei Aufenthalten ausländischer Persönlichkeiten nach *Staatsbesuchen, offi-*

Personenschutzübung in den 80er-Jahren. Fernseh-Fahnder Eduard Zimmermann (»Aktenzeichen XY ungelöst«) wird auf einem fahrenden Donauschiff von verkleideten GEK-Beamten überfallen und entführt. Bei der MP handelt es sich um eine italienische Beretta M12. *Foto: Nuster*

ziellen Besuchen, Konferenzen und Arbeitsbesuchen, inoffiziellen Besuchen und inoffiziellen Aufenthalten (z. B.: Urlaubs- und Kuraufenthalt) unterschieden.

Unmittelbarer Personenschutz wird dadurch gegeben, dass sich die Personenschutzkräfte in unmittelbarer Nähe der gefährdeten Person aufhalten, um Angriffe sofort abwehren zu können. Sie dürfen in ihrer Tätigkeit weder abgelenkt werden noch Tätigkeiten verrichten, die die Durchführung des Auftrages erschweren.

Bei gewissen Gefährdungsstufen oder über Anordnung sowie vielleicht auch bei Großveranstaltungen, bei denen mit einer starken Beteiligung von gefährdeten Personen und einer Vielzahl von Personenschutzgruppen zu rechnen ist (z. B. internationalen Kongressen), kommt der GEK-Personenschutz zum Einsatz. Dies meist dann, wenn die Personenschutzkräfte der zuständigen Behörde nicht ausreichen. Diese Einsätze werden außerhalb des örtlichen Zuständigkeitsbereiches zentral gelenkt.

Beim Objektschutz geht es um die Abwehr von Gefahren, die dem Gast im Objekt von außen drohen. Beim inneren Objektschutz haben die Beamten Gefahren abzuwehren, die während des Aufenthaltes in der Wohnung oder anderen Räumen von Personen oder Sachen drohen. Der Innenschutz bleibt auch für die Dauer einer kurzfristigen Abwesenheit des Gastes aufrecht.

Auf weitere Personenschutzaufgaben, wie z. B. Sicherungsgeleit, kann hier nicht näher eingegangen werden.

»Von guten Mächten wunderbar geborgen«: GEK-Personenschützer begleiten die Limousine mit dem *Pontifex maximus*.
Foto: Franz Posch

Dies sind nur Teile des umfangreichen Ausbildungs- und Einsatzzweiges, der aus naheliegenden Gründen nicht genauer beschrieben werden kann.

Ende 1981 wurde das GEK auch mit der Flugsicherung bei den *Austrian Airlines* (AUA) betraut. 26 Beamte wurden anfangs für diese Aufgabe besonders geschult.

Gute Englisch-Kenntnisse sind für diesen Dienst unverzichtbare Voraussetzung. Am 23.11.1981 wurde eine Flugsicherung/Flugbegleitung erstmals in AUA-Uniform durchgeführt. Täglich sind 15 bis 25 Beamte auf Flugzeugen der AUA zu beinahe allen von der Luftverkehrsgesellschaft angeflogenen Destinationen unterwegs. Zwei, drei oder auch mehr Beamte pro Flug sorgen für Sicherheit (siehe dazu Seite 135). Diese Sicherheit beginnt nicht erst mit dem Anbordgehen.

Als weitere Aufgabe kam die Bewachung österreichischer diplomatischer Einrichtungen (Botschaften) im Ausland hinzu; so etwa im unruhigen Algerien, wo GEK-Beamte den Botschafter, das Botschaftspersonal und das Gebäude in dem von Terrorüberfällen heimgesuchten Land schütz(t)en.

Ein GEK-Kommando begleitete auch Bundeskanzler a. D. Dr. Vranitzky bei seiner Vermittlungsmission in Albanien. Die Spezialisten halfen während der Unruhen bei der Evakuierung von Ausländern tatkräftig mit.

Eine große, aber vielleicht auch segensreiche Herausforderung für das Gendarmerieeinsatzkommando war der Besuch des Papstes in Österreich 1998. Umfangreiche Sicherungsaufgaben, die hier nicht näher beschrieben werden können, wurden erfolgreich bewältigt.

Die Ausbildung zum Personenschützer/ Sicherheitsbeauftragten

Bestimmte Lagen werden an Flugzeugen der AUA geübt. Absprache mit dem Bodenpersonal.

Spezialtrainingseinheiten bereiten die GEK-Personenschützer – *Sicherheitsbeauftragte* in ihrer Rolle als Flugbegleiter genannt – auf ihre verantwortungsvolle Tätigkeit vor. Sei es im so genannten *Emergency*-Training (also der Vorgehensweise im Falle einer Flugzeugentführung), sei es beim Schießen mit Spezialmunition, sei es bei der Nahkampfaus- bildung. Ein Sicherheitsbeauftragter muss laufend beweisen, dass er zu den Besten zählt. Deshalb werden als Personenschützer nur die Besten, nur die Verlässlichsten herangezogen. Schon geringste

134

disziplinäre Vergehen haben die Ablösung zur Folge.

In den vergangenen 21 Jahren begleiteten GEK-Beamte rund 40.000 Flüge nach etwa 65 Zielflughäfen. Dass seit 1981 noch kein AUA-Flugzeug Ziel einer Entführungsaktion war, ist vielleicht auch ihrer unauffälligen, aber massiven Prävention zuzuschreiben. Die Erfolge der Sicherheitsbeauftragten sind nicht messbar, aber ein Fehler von ihnen kann für viele andere verheerende Folgen haben. Von größter Wichtigkeit ist jedoch, dass die Sicherheitsbeauftragten die von ihnen begleiteten Maschinen genau kennen. Das verwendete Fluggerät wird daher laufend »beübt«.

Eine weitere Aufgabe der Sicherheitsbeauftragten ist die Begleitung von abzuschiebenden Personen.

GEK-Flugbegleiter auf Lehrgang bei den »*Air Marshals*« in den Vereinigten Staaten.

Hier wird scharf geschossen: Übung in einer Flugzeugattrappe. Der amerikanische Ausbilder weist ein.

Einsatzberichte: Ohrfeige im Cockpit

Am 17. Oktober stürmte ein Nigerianer die Pilotenkanzel einer *Aeroflot*-Maschine auf dem Flug nach Lagos. Der Afrikaner setzte dem Piloten ein Messer an den Hals und forderte, entweder nach Deutschland oder nach Südafrika geflogen zu werden. Im vollbesetzten Flugzeug befanden sich vier Beamte des GEK, die zwei nigerianische Schubhäftlinge begleiteten, sowie vier Angehörige des Bundesgrenzschutzes. Die Exekutivbeamten bemerkten die Flugzeugentführung und beschlossen, den Gewalttäter zu überwältigen. Drei GEK-Beamte stürmten die Pilotenkanzel und überwältigten den Entführer innerhalb weniger Sekunden mit einer gezielten Ohrfeige. Wegen des Messers hatte der Beamte einen Kettenhandschuh (Suchtgifthandschuh – verhindert einen Durchstich mit einer Nadel) übergezogen, um bei einem eventuellen Handgemenge nicht durch das Messer verletzt zu werden. Währenddessen sicherte der vierte GEK-Beamte mit den deutschen Kollegen den Kabinenbereich, um eventuelle Komplizen des Täters handlungsunfähig machen zu können.

Beim Flugzeugentführer wurden zwei Briefe gefunden, in denen er angedeutet hatte, inhaftierte Nigerianer freizupressen.

Geiselnahme in Kuwait

Als der bewaffnete Konflikt in Kuwait im Spätsommer 1990 seinen Anfang nahm, wurden neben vielen anderen Österreichern auch die Besatzungsmitglieder einer AUA-Crew von den einmarschierenden irakischen Verbänden als Geiseln genommen. Als sich drei Wochen später der österreichische Bundespräsident Dr. Waldheim in die Krisenregion begab, um sich unmittelbar um die Freilassung der Festgehaltenen zu bemühen, war eine Sondermaschine ebenso von Sicherheitsbeauftragten gesichert wie eine zweite, die zur selben Zeit im türkisch-irakischen Grenzgebiet stand. Diese wartete dort auf eine Gruppe von 23 Österreichern und zehn Staatsbürgern anderer Länder, die hartnäckig und schließlich erfolgreich um den Grenzübertritt in die Freiheit gefeilscht hatten. Da die Informationslage vor Ort aus begreiflichen Gründen diffus war, wagte sich der Kommandant der Sicherheitsbeauftragten, ein erfahrener Offizier, mit dem unerschrockenen österreichischen Botschaftssekretär bei einem nächtlichen Vorstoß ins kurdische Grenzgebiet, um Hinweise auf weitere freigelassene Geiseln zu bekommen. Ein nicht ungefährliches Unterfangen á la Karl May angesichts medialer Berichte über Giftgasangriffe gegen Kurden in eben dieser Region. Die irakischen »Menschenhändler« hatten aber zwischenzeitlich ihren makabren Basar schon wieder geschlossen.

Nur am Rande ...

Am 22. September 1997 wurde in Wien-Augarten der Grundstein für die vom ehemaligen US Bot-schafter in Österreich, R. S. Lauder, gestiftete israelische Schule *(Ronald S. Lauder Foundation)* der Grundstein gelegt. Zur Feier reiste auch der damalige israelische Ministerpräsident Netanyahu an. Den Personenschutz übernahm gemäß österreichischem Recht das GEK und die Sicherung die WEGA. Vor Ort wurden die Akkreditierungen für die Journalisten ausgegeben. Grüne Karten erhielten all jene, die sich bis auf 2 Meter nähern durften; rote alle anderen, die sich nur im »sicheren Bereich« bewegen durften. Der Schreiber dieser Zeilen war ebenfalls vor Ort. Trotz seiner grünen Karte und eines begleitenden GEK-Offiziers im Range eines Oberst drängte ein israelischer Sicherheitsbeamter die beiden mit dem barschen Hinweis ab: *»Wir bestimmen hier, was geschieht!«.*

Links: »*Groundbreaking Ceremony*« der *Ronald S. Lauder Foundation-Schule* am 27. September 1997 in Wien-Augarten (2. Bezirk). Der damalige israelische Ministerpräsident Netanyahu kam persönlich zur Feier und wurde nicht nur von eigenen Leibwächtern, sondern auch von Personenschützern des GEK und der WEGA begleitet. In der Bildmitte der Autor mit der »grünen« Karte.

Unten: »Bibi« Netanyahu mit Gattin und »Gorillas« im Festzelt. GEK und WEGA sichern.

Diensthundestation

Vorgeschichte

Der Hund gilt bekanntermaßen als bester Freund des Menschen, und dieser machte sich die Eigenschaften des vierbeinigen Kameraden in mancherlei Art und Weise zunutze. So hat die Verwendung von Diensthunden bei Polizei und Gendarmerie eine lange Tradition. Dennoch rannte das Gendarmerieeinsatzkommando mit seinem Wunsch nach Diensthunden bei den entsprechenden Entschei-

dungsträgern zunächst keinesfalls offene Türen ein. Auch der damalige Generaldirektor für öffentliche Sicherheit, Dr. Danzinger, lehnte das Ansinnen zwar nicht kategorisch ab, übte sich aber in Zurückhaltung. Sicher gab es gute Gründe, denn eine Diensthundestation lässt sich nicht so einfach aus dem Boden stampfen, sie fordert Aufbauarbeit und bindet beträchtliche personelle und vor allem finanzielle Mittel. Außerdem fehlten a) dem GEK in dieser Aufbauphase noch das heutige Selbst-

Ein Bild sagt mehr als tausend Worte: Der Einsatzhund springt durch das Fenster und packt die waffentragende Hand des Täters, dargestellt von einem Ausbilder. Die Wucht des Zugriffes des Einsatzhundes ist so stark, dass dem GEK-Mann die Waffe aus der Hand gerissen wird (auf dem Bild scheint der Revolver zu schweben).

Dem Hund folgt der Zugriffstrupp durchs Fenster, wobei ein kniender Beamter als Steighilfe dient.

verständnis und b) gab es noch keine Vergleichs-möglichkeiten mit »Hundekorps« anderer Sonder-einheiten. So wurde das Vorhaben zunächst auf Eis gelegt, doch nie aus den Augen verloren.

Nach den Jahren des Aufbaues und der zuneh-menden Spezialisierung innerhalb der Einheit rückte die Chance zur Errichtung einer Diensthundestation in greifbare Nähe. Nachdem der damalige Kom-mandant, Brigadier Johannes Pechter, sich die Zustimmung und Unterstützung des Gendarmerie-zentralkommandos sichern konnte, führte eine Vorsprache beim Generaldirektor für öffentliche Sicherheit am 30. September 1987 zur Genehmi-gung der Errichtung einer Diensthundestation mit vier Diensthunden.

Organisatorisch wurde das Diensthundewesen in den für Taktik und Einsätze zuständigen Fach-bereich I eingegliedert.

Der Diensthund für besondere Einsatzlagen

Die Aufgaben seiner Diensthunde umreißt das GEK wie folgt: »*Der Diensthund des GEK soll durch seine Ausbildung zur Bewältigung besonderer Ein-satzlagen als Hilfsmittel der körperlichen Gewalt die Bandbreite der taktischen Einsatzmöglichkei-ten unterhalb des Schusswaffengebrauches erwei-tern. Im Besonderen kann er zur Verbesserung der polizeilichen Erfolgsaussichten durch die Ausnut-zung seiner Schnelligkeit und Gewandtheit sowie zur Risikoverminderung für die beteiligten Beam-ten bei der Fixierung von Zielpersonen eingesetzt werden.*«

Für dieses spezifische Einsatzspektrum eignet sich im Besonderen eine Unterart des Belgischen

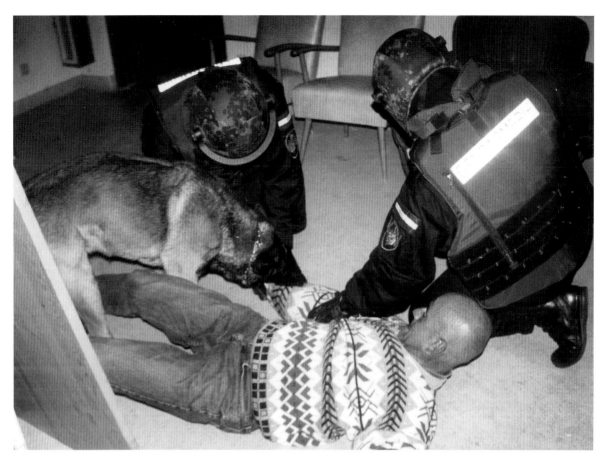

Der Einsatzhund lässt
nur ungern vom Täter ab.

Der Autor stellte sich als
Figurant zur Verfügung.
Sein Eifer wurde mit blauen
Flecken belohnt. Deutlich
ist die Wucht des »Zugriffes« zu sehen. Der GEK-Ausbilder lässt die Leine »lang«.

Die »hohe Schule«. Wer etwas von Hunden versteht, weiß, was dieser Balance-Akt für den Vierbeiner bedeutet.

Rechte Seite:
Auch das gehört dazu: Abseilen mit Hund.

Hunde-Zugriff an der Schrägwand: Der Hund holt einen »Täter« vom Dach herunter.

Schäferhundes, der so genannte *Malinois*.* Das GEK folgte mit dieser Rassenwahl dem Beispiel anderer namhafter Sondereinheiten, darunter die französische GIGN, die belgische ESI und einige deutsche SEK.

Der »scharfe« Einsatz unterliegt im Übrigen den Bestimmungen des »Waffengebrauchsgesetzes 1969«.

Das GEK nennt seine vierbeinigen Mitarbeiter *Diensthunde für besondere Einsatzlagen* oder kurz *Zugriffshunde* und bildet sie gezielt für »besondere Einsatzlagen« aus. Im Unterschied zu den üblichen Polizei-Spürhunden spielt die Nasenarbeit dabei nur eine untergeordnete Rolle. *Malinois* werden ausschließlich mit dem Schwerpunkt »Zugriffshund« ausgebildet.*

Einsatzerfahrungen in Deutschland haben erwiesen, dass ein einmaliger fester Biss des Diensthundes, auch wenn dieser erst durch den Diensthundeführer vom Täter gelöst wird, eine dem Grad nach geringere Verletzung verursacht als wenn der Hund mehrmals wahllos zuschnappen würde. Dieser einmalige, feste Biss des Diensthundes soll gewährleisten, dass die vom Täter ausgehende Gefahr für die Zugriffskräfte auf ein Minimum reduziert wird, da dieser sich nur noch auf den Hund konzentrieren kann. Es besteht auch damit keine Gefahr für die Beamten, von dem hoch im Trieb stehenden Hund selbst gebissen zu werden.

Ein Zugriffshund muss also hinsichtlich Beute- und Kampftrieb leicht stimulierbar sein, eine hohe Grundschnelligkeit, ausreichendes Sozialverhalten, große Umwelt- und Bewegungssicherheit sowie Nervenstärke und gutes Griffverhalten besitzen.

Auch der Hundeführer muss bestimmte Anforderungen erfüllen, wie »gesundheitliche und körperliche Eignung, positives privates Umfeld in Bezug auf den Diensthund, professionelle Grundeinstellung hinsichtlich Aus- und Fortbildung im Bereich Zugriffshund«. Eine ausreichend lange Verwendung in der Einsatzabteilung des GEK wird ebenfalls vorausgesetzt.

Durch die Bindung an den Hund sind für den Führer natürlich auch berufliche Weichen gestellt.

----

* Vergleiche dazu das Kapitel über das Hundewesen bei Metzner und Friedrich: Polizei-Sondereinheiten Europas.

GEK-Hundeführer mit Zugriffshund in Bereitstellung. Aufmerksam beobachtet der Hund das Geschehen.

Ausbildung des Zugriffshundes

Für die Gestaltung der Ausbildungsinhalte ist unter Berücksichtigung der aktuellen Einsatzerfahrungen der *Bundesausbilder für Zugriffshunde* in Abstimmung mit dem *Diensthundereferenten des GEK* verantwortlich.

Eine Ausbildungsvorschrift des GEK regelt den Bedarf, die Eignung, Ausbildung und Prüfung der Zugriffshunde. Aufgrund der dem heutigen Aufgabenbereich und den Gegebenheiten laufend angepassten Ausbildung können hier nur einige Ausschnitte beschrieben werden.

Die Einsatzfähigkeit des Zugriffshundes wird in Form einer zweitägigen Abschlussprüfung am Ende des *Grundausbildungslehrganges für Zugriffshunde* gemäß eines Prüfungsbogens festgestellt.

Auf dem Prüfungsbogen finden sich die Wertungspunkte:

- Einsatzspezifisch leichte, rein assoziative Reizauslösung des Zugriffshundes,
- schneller, direkter und kompromissloser Angriff,
- hartes Zubeißen und Halten des Griffes bis zum Zugriff der Interventionskräfte,
- keine Ablenkung des Zugriffshundes durch Schüsse, Irritations- und Sprengmittel in dessen Nahbereich,
- Bewegungs- und Umweltsicherheit,
- einsatzbezogene Führigkeit
- Verhalten des Hundeführers.

Einige spezielle Fertigkeiten werden hier nicht angeführt.

Tandemsprung mit Zugriffshund: Das Trio schwebt am Flächenschirm zu Boden.
Foto: Franz Posch

Nach Ablegen der Prüfung wird das Gespann *Diensthundeführer und Diensthund* für »einsatztauglich« oder »nicht einsatztauglich« erklärt.

Der Grundausbildung folgen monatliche Fortbildungen und die Teilnahme an taktischen Übungen.

145

Nervenprobe für Tier und Mensch: *Tandemmaster,* **Hund und Hundeführer vor dem Sprung aus dem Hubschrauber.**
Foto: Franz Posch

Dabei muss der Hund teilweise stundenlang bewegungslos und ohne zu bellen liegen, bis er zum Einsatz kommt.

Die einsatztaktische Aus- und Fortbildung passt sich den sich ständig verändernden Erscheinungsformen der Kriminalität sowie des internationalen Terrorismus an.

Da die Hundeführer zugleich auch Einsatztaktik-Ausbilder sind, können sie Neuerungen sofort aufnehmen, nutzen und weitergeben. Die Erfolge sprechen für sich.

Einsatzplanung

Die Einsatzplanung des GEK sieht die Mitnahme von Zugriffshunden grundsätzlich vor. Auch wenn der Hund nicht direkt seiner eigentlichen Bestimmung gemäß verwendet wird, leistet er in der Außensicherung, bei der Fluchtverhinderung oder bei Durchsuchungen wertvolle Hilfe und trägt zur Gefahrenverminderung für alle beteiligten Beamten bei. Kein Wunder, dass sich die Diensthunde bei allen Gendarmen einer hohen Wertschätzung erfreuen.

Bewaffnung und Ausrüstung

Bewaffnung

Bewaffnung und Ausrüstung von Antiterroreinheiten sind wichtige Werkzeuge zur Terrorismusbekämpfung. Das Gendarmerieeinsatzkommando ist daher ständig bestrebt, seine Kräfte optimal und zweckmäßig auszustatten. Dies bedeutet ständiges Forschen nach Verbesserungsmöglichkeiten, laufende Versuche und Erprobungen und schließlich die Anschaffung neuester technischer Errungenschaften. Dies alles kostet Geld, viel Geld sogar! Doch um im Kampf gegen Terror und Gewalt bestehen zu können, ist die beste Bewaffnung und Ausrüstung gerade gut genug.

Abweichend von der bis 1987 geführten Standardbewaffnung der österreichischen Bundesgendarmerie, der Pistole M.35, verwendete das Gendarmerieeinsatzkommando als Faustfeuerwaffe den Revolver Manurhin MR 73, Modell Gendarmerie, mit einer Lauflänge 4 Zoll. Die Waffe wies eine erstklassige solide und robuste Verarbeitung auf. Sie hatte eine hohe Abzugskultur und war problemlos zu handhaben. Ein besonderer Vorteil ergab sich damals aus der Verwendung der leistungsstarken .357 Magnum-Munition mit garantierter Augenblickswirkung.

Seit 1987 führt die österreichische Exekutive die Pistole Glock 17 (P80) als Einheitswaffe. Mit ihrem 17 (bzw. 19) Patronen fassenden Magazin

Ein GEK Beamter mit tragbarem Schutzschild (»Ballistisches Schild«) in Sicherungsposition. In der Mitte des Schildes eine Lampe.
Foto: Franz Posch

147

M.35 (FN Highpower / HP 35 oder GP 35) mit Schiebevisier.

MR 73 von Manurhin im Einsatz.

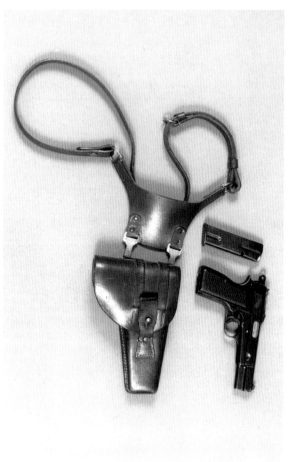

FN M.35 in der Gendarmerietasche. Die Waffe wurde am »Überschwung« und nicht am Gürtel getragen.

Die Standardwaffe: Glock 17 mit Griffgummi. Die Glock-Fangschnur ist nicht eingeführt.

Übungswaffe Glock 17T (8 mm FX). Die nur für Behörden erhältliche Waffe verschießt Farbmarkiergeschosse.

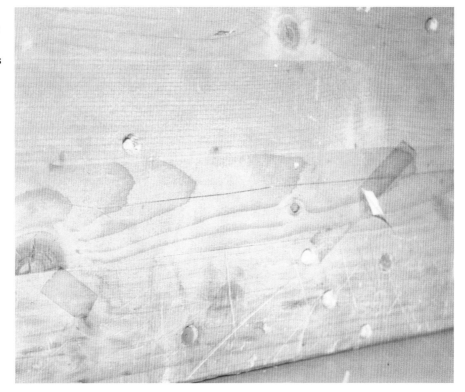

und der für die Gendarmerie eigens erzeugten Munition (Bodenstempel Gendarmerie) ist eine Feuerüberlegenheit garantiert. Durch den eigenwilligen und schon in der österreichischen Armeepistole M 7 bewährten Spannabzug ist eine größtmögliche Handhabungssicherheit erreicht worden. Durch den Wegfall einer eigens zu bedienenden Sicherung ist auch eine rasche Feuereröffnung gegeben.

Als Langwaffe nutzt das GEK das Steyr-Sturmgewehr 77 (StG77), das in den Jahren 1979/1980 sowohl als Ersatz für den Karabiner M1 als auch für die MPI Uzi (FN-Fertigung) eingeführt wurde. Mit dem StG77 im Kaliber 5,56 mm (.223) kann ohne Umschalten sowohl Einzel- als auch Dauerfeuer geschossen werden. Die Waffe arbeitet als Gasdrucklader mit starrer Verriegelung, abnehmbarem und austauschbarem Lauf und im Gehäuse integrierter und wechselbarer Visiereinrichtung. Die Standard-Visiereinrichtung mit ihrem Zielring erlaubt mit der 1,5-fachen Optik eine rasche Zielerfassung und Zielbekämpfung auch bei schlechter Sicht und größeren Schussentfernungen. Das in den Schaft (*Bullpup*-System) einschiebbare Plastikmagazin

Karabiner M1 und – mit Klappschaft – M1A1.

Die Steyr MP 69 wird durch den Riemen gespannt. Die Waffe »verdaut« MP 69 »trapezförmige« (oben) und rechteckige Magazine.

fasst 30 (bzw. 42) Patronen. Durch das Klarsicht-material des Magazins ist jederzeit die noch vorhandene Munitionsmenge sichtbar. Die Waffe ist aufgrund der verwendeten Plastmaterialien weitgehend wartungs- und pflegefrei. Das StG77 lässt sich auch ohne Werkzeug zerlegen und zusammenbauen.

Die Präzisionsschützen des GEK sind ebenfalls mit österreichischen Produkten, dem auch von der deutschen Polizei verwendeten Steyr-Scharfschützengewehr 69 (SSG 69) ausgestattet. Diese bejahrte Waffe im Kaliber 7,62 mm (.308 Winchester, Patrone 7,62 mm x 51 NATO) gilt immer noch als eine der präzisesten Scharfschützen- bzw.

Eine Rarität: Österreichische FN-Uzi gestempelt mit POL(izei).

Das IMG /StG 77 mit ZF.

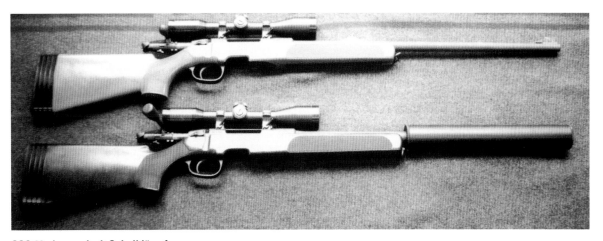

SSG 69 ohne und mit Schalldämpfer.

151

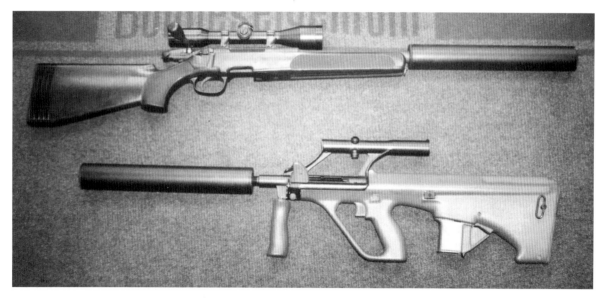

Schalldämpferwaffen: Oben ein schallgedämpftes SSG 69, wirksame Schussweite unter 100 Meter, darunter die MP 85 in 9 mm Parabellum mit Schalldämpfer.

Viele versuchen es, aber eine Einführung im polizeilichen Bereich rechtfertigt sie trotz positiver militärischer Erfahrungen in Afghanistan nicht: Die Patrone .338 Lapua Magnum im Vergleich zur .308 Winchester.

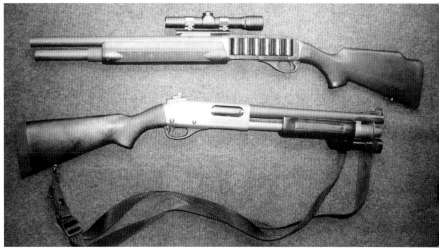

Links: Halbautomatische Schrotflinte HK 502, wie sie auch die GSG 9 verwendet. Auf der Laufmündung ein »Accelerator«.

Rechts oben: Halbautomatische Schrotflinte Remington 11-87 Police mit Zielprojektor und Zielfernrohr (oben), darunter eine Kurzausführung des Vorderschaftrepetierers Remington 870.
Rechts unten: Auch beim GEK unverzichtbar: Varianten der Heckler & Koch MP 5.

Präzisionsschützenwaffen auf dem Weltmarkt und ist zur Bekämpfung von kleinsten Zielen auch auf größere Entfernungen (bis 600 Meter) bestens geeignet. Jeder Präzisionsschütze (auch der anderer Sondereinheiten) führt ein von ihm persönlich ein-

geschossenes und nur von ihm verwendetes Gewehr. Schalldämpfer gehören fast schon zur Standardausrüstung. Für den Einsatz bei Dunkelheit

153

Von der Kleinst-Maschinenpistole TMP *(Taktische Maschinenpistole)* erzeugte Steyr lediglich 800 Stück. Darunter die halb-automatische SPP *(Special Purpose Pistol)*

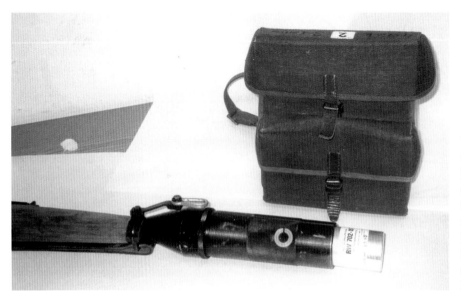

Tränengaswurfkörper auf abgeschnittenem Karabiner 98. Die Abrissleine des Wurfkörpers wurde mit ihrem »Ring« am »Karabiner« befestigt. Durch das Herausfliegen des Wurfkörpers wurde die Leine abgezogen und der Wurfkörper zündete.

Als sich die *Strafuni*-Grenzjäger, die berühmten »Grauen Falken«, in den letzten Jahrzehnten des 19. Jahrhunderts auf dem Balkan mit Insurgenten herumschlagen mussten, waren sie vor allem auf ihre sechsschüssigen Revolver angewiesen. Da die Gegenseite ebenfalls Sechsschüsser benutzte, herrschte sozusagen ein waffentechnisches Patt, dem die Österreicher mit dem achtschüssigen Armeerevolver Rast & Gasser M.98 begegneten. Mit der neuen Waffe wurde zugleich eine neue »kleinkalibrige« 8-mm-Patrone mit einem bisher unüblichen, aber sehr wirksamen Flachkopfgeschoss eingeführt. Die *Strafuni* erlebten in Feuergefechten nun häufig folgende Situation: Der Gegner zählte bis sechs, um sich dann auf den vermeintlich mit Nachladen beschäftigen Grenzjäger stürzen zu können. Aber dieser hatte ja immer noch zwei Schuss in der Trommel und nutzte seinen taktischen Vorteil. Klar, dass die *Strafuni* ihr kleines, aber überlebenswichtiges Geheimnis so lange wie möglich zu wahren suchten.

Auch einem gewissen k. k. Landwehrleutnant Georg Luger war die »goldene Zweier-Regel« bekannt. Er ließ sie, als er ab 1892 bei Loewe/DWM in Berlin arbeitete, in die Konstruktion seiner berühmten Luger-Pistole einfließen, die bekanntermaßen ein achtschüssiges Magazin erhielt. Als die Österreicher dies bemerkten, folgten sie ihrer »Zwei-Schuss-mehr«-Regel und statteten ihre 1907 eingeführte Pistole Steyr-Roth M.7 – im Übrigen die erste, bei

Verschiedene Glock-Ausführungen, wie sie das GEK verwendet. Links außen die kompakte Glock 26 (9 mm x 19), daneben eine Glock 25 (.380 Auto) und eine Glock 17 (altes Griffstück) mit 32-Schuss-Magazin. Darunter eine Glock 17 (neues Griffstück) mit Taschenlampenhalterung am Magazin.

einer Armee eingeführte Selbstladepistole – mit einem Magazinschacht zur Aufnahme von zehn Patronen aus. Diese Pistole zeigte weitere praktische, sehr moderne Attribute, wie einen Spannabzug, einen Entladehebel und – für eine Gefechtswaffe besonders wichtig – keine manuell zu bedienende Sicherung. Das unbekannte und daher nicht geübte Nachladen eines externen Magazins fiel weg, denn mit der vom Gewehr her bekannten Ladestreifentechnik war keine Nachschulung notwendig.

Wie auch beim Gewehr ließ sich die Pistole auch mit einzelnen Patronen – wie ein Revolver – laden. Ohne Magazin ist im Karst eine Waffe wertlos. Daher die praktische, gewohnte Ladestreifenladung. Sie hatte für die Exekutive noch einen gravierenden Vorteil: Nach dem Eintreten in das Wachlokal (Wachstube) wurde die Waffe durch ein einfaches Betätigen der »Entladeeinrichtung« sicher entladen.

Auch werden zum Nachladen mit einem Ladestreifen nur fünf Tempi gebraucht, bei einem Magazin sind es immerhin 7 Tempi. Durch den Spannabzug erübrigte sich eine manuell zu bedienende Sicherung.

In den 70er-Jahren entwickelte Steyr als Ersatz für die bei der gesamten Exekutive und beim Bundesheer verwendeten Walther PP/PPK eine Selbstspannerpistole, die Steyr SP. Wiederum mit Spannabzug und wiederum ohne manuell zu bedienende Sicherung. Die 19 Schuss fassende Steyr GB (50 Stück beim Heer als P18 eingeführt) hatte natürlich auch keine manuelle Sicherung.

Als Armee und Exekutive in den 80er-Jahren die Glock-Pistole (P 80) einführten, feierte Altbewährtes fröhliche Urständ: Ihr Magazin fasste mit 17 Patronen wiederum zwei mehr als die zahlreichen auf dem Markt befindlichen 15-Schüsser, und auch der schon von der M.7 bekannte Spannabzug ohne manuelle Sicherung fand sich wieder. Die Richtigkeit dieses Konzeptes bestätigte sich mittlerweile in der Praxis bei vielen Polizeien und Streitkräften in aller Welt, die sich die Glock anschafften. Und als andere Waffenbauer ebenfalls 17er-Magazine anzubieten begannen, setzte Glock mit einem simplen Trick gleich noch zwei drauf: Die Firma aus Deutsch-Wagram schuf eine austauschbare Bodenplatte, mit der das Magazin nunmehr 19 Patronen 9 mm Para aufnimmt. Des Weiteren stellt Glock noch ein kompaktes 32er-Magazin her.

Eine Besonderheit sei am Rande vermerkt: Österreichische Pistolen wurden damals wie heute auf 50 Schritt eingeschossen. Ein Schritt misst 0,75 Meter. Daher schießen die Waffen auf 37,5 Meter Fleck. Ebenso wurden die Visierungen österreichischer Armeegewehre (z. B. M.95, M.95 »S«) immer in Schritt und nie in Meter »geeicht!« Vielleicht rührt die mancherorts getätigte Aussage, man treffe mit österreichischen Waffen nichts, von diesem auch in »Fachkreisen« unbekannten Umstand.

sind Präzisionsgewehre mit Nachtsichtgeräten vorhanden. Weiteres modernstes Material wird nicht angeführt, dieser Abschnitt lässt es mit der »Alltagsausrüstung« bewenden.

Für spezielle Einsätze stehen dem GEK unterschiedliche Sonderwaffen (z. B. Schrotflinten mit *Accelerator* (Streuaufsatz) zur Verfügung, deren Einsatz vom jeweiligen Einsatz abhängig ist. Daneben lagert in der Waffenkammer des GEK noch eine ganze Palette von Waffen der »Gegenseite«, die entweder bereits bei Gewaltdelikten verwendet wurden oder möglicherweise verwendet werden könnten. Auch mit der Handhabung solcher Waffen muss der GEK-Mann vertraut sein.

Des Weiteren finden sich im Arsenal verschiedene Ausführungen der H&K MP 5 sowie die MZP-1 des gleichen Herstellers mit ihrer umfangreichen Munitionspalette. Wurfgewehre und diverse Wurfkörper wie z. B. Blendgranaten runden die Palette ab. (Zur Bewaffnung siehe auch das Kapitel *Schießausbildung* ab Seite 78).

Persönliche Ausrüstung

Auch hier gilt es als oberstes Gebot, dass das GEK seinen Männern die bestmöglichste und zweckmäßigste Ausrüstung zur Verfügung stellt. Selbstredend erhält jeder Beamte seine persönliche Glock-Pistole. Ein geradezu lebenswichtiges Ausrüstungsstück ist die persönliche Schutzausrüstung. Die Schutzweste, das Erzeugnis einer britischen Firma, schützt vor Kurz- und Langwaffen

Rechts: GEK-Beamter im Einsatzoverall mit Körperschutz, Sprechgarnitur und StG 77.

Einsatzhelm nach Probebeschuss.

Kraftfahrzeuge

Das Gendarmerieeinsatzkommando muss, seiner Aufgabenstellung entsprechend, im höchsten Maße mobil sein. Es verfügt neben Hubschraubern und herkömmlichen Transportfahrzeugen, darunter geländegängige VW-Synchro und Puch G (auch gepanzert), über eine Flotte schneller Pkw der Marken Mercedes-Benz, Audi und BMW. Diese Fahrzeuge wurden speziell nach den Wünschen des GEK adaptiert und mit modernsten Kommunikationsmitteln ausgestattet. Es handelt sich zum Teil um so genannte *sondergeschützte Fahrzeuge* *.
Außerdem verfügt die Einheit über eine Vielzahl anderer Einsatzfahrzeuge:

■ Pkw mit Sonderausstattung als Führungs- und Observationsfahrzeuge,

■ Motorräder für Spezialverwendungen

■ und schließlich unterschiedlichen Spezialfahrzeuge, wie z. B. das »Batmobil«.

Die technischen Einsatzwagen verfügen über modernste Einsatzmittel, angefangen von Kleinstbohr-

und bietet dem Träger trotz ihrer 10 kg Gewicht größtmögliche Bewegungsfreiheit. Ebenso der Einsatzhelm (von den Amerikanern »Fritz« genannt – wegen der seit über 85 Jahren bewährten Form), der mit seiner Dreipunktfixierung besten Halt gewährt. Diese Gegenstände sowie weitere sind in der Einsatztasche verstaut, die im Alarmierungsfall innerhalb kürzester Zeit in die Einsatzfahrzeuge verladen werden kann.

* Ausführlich über sondergeschützte Fahrzeuge berichtet Reinhard Scholzen in *Personenschutz. Geschichte, Ausbildung, Ausrüstung.* Motorbuch Verlag, Stuttgart 2001. Seite 144–161.

Das Schuhwerk: Der ältere Einsatzstiefel von *Puma* (rechts) und der moderne von *Meindl* (links).

Der Hubschrauber – im Bild ein AB 212 des Bundesheeres – ist und bleibt eines der wichtigsten Verbringungsmittel von Sondereinsatzkräften. Im Vordergrund die Ausrüstung eines Einsatztrupps, fertig zum Verladen.

Ein für alle Eventualitäten ausgerüstetes technisches Einsatzfahrzeug.
Rechts: Blick in den Laderaum eines weiteren technischen Einsatzfahrzeuges.

maschinen über Scheinwerfer und Schweißgeräte bis hin zum hydraulischen Spreiz- und Schneidegerät. Leistungsfähige Stromaggregate stellen die Energieversorgung sicher.

Der Funkleitwagen ist die rollende Kommandozentrale des GEK. Mit Hilfe umfangreicher Kommunikationsmittel kann im Bedarfsfall vom Fahrzeug aus ein Einsatzfall gesteuert werden.

Das »Batmobil« ermöglicht als Leiterwagen das Überwinden von bis zu 12 m hohen Fassaden in Sekundenschnelle. Die Zugriffsbeamten erklimmen die Leitern bereits vor der Annäherung ans Objekt.

Ein großzügig ausgestatteter Sanitätswagen, ein geländegängiger Puch 280 GE in Sonderausführung (außerhalb Österreichs wird er wegen des Motors und des weltweiten Vertriebes/Services der Firma Daimler-Chrysler *Mercedes GE* genannt) lässt sich sogar als mobiler Operationssaal verwenden. Weiters gibt es einen gepanzerten Geländewagen Puch G, der Schutz gegen herkömmliche Lang- und Faustfeuerwaffen bietet.

Dass das GEK auch auf dem Transportsektor nach allen Seiten offen ist, beweisen auch Verlegungs-Übungen mit der Eisenbahn. Denn mit der Zuggattung *Dringlicher Hilfszug/Rang 1* lassen sich größere Strecken in kürzerer Zeit bewältigen als etwa mit Rad-Kfz.

Zusätzliche technische Ausrüstung

Das zusätzliche technische Gerät, das nicht in Sonderfahrzeugen untergebracht ist, lagert in genauestens nummerierten Aluminiumkisten im »Allerhei-

Zielprojektor im Einsatz. Auf der Tür ist der Lichtpunkt zu erkennen.

Nachtsichtgerät im Transportbehälter.

ligsten«, der Geräte- und Waffenkammer. Sie beherbergt auch die gesamte Tränengasausrüstung, Funkgeräte, Spezialeinsatzhelme und Sonderwaffen. Für Nachteinsätze gibt es Nachtsichtgeräte modernster Bauart, für Spezialeinsätze Laserleuchten und -zielgeräte *(Laser-Pointer)*, des Weiteren Spione mit den Bezeichnungen *Fiberscope* und *Borescope*, elektronische Stethoskope und hochempfindliche Tonbandaufzeichnungsgeräte.

Wenns wo brennt: Das Feuerlöschgerät IFEX erstickt Flammen in Sekundenschnelle. *Foto: Franz Posch*

Zur Anhaltung eines Kraftfahrzeuges werden bei jedem Einsatz so genannte *G-Stoppgurt-Ausrüstungssätze* mitgenommen. Auch Spezialwerkzeug und vieles mehr (sehr interessant, aber leider nicht für die Öffentlichkeit bestimmt) wird noch in den handlichen Kisten aufbewahrt und bei Bedarf eingesetzt.

Kommunikationsausrüstung

Die Funk- und Fernmeldeausstattung nimmt beim GEK – wie überhaupt bei allen modernen Spezialeinheiten – einen hohen Stellenwert ein. Insbesondere wegen der rasch fortschreitenden technischen Entwicklung auf diesem Gebiet ist das GEK bestrebt, mit dieser Technologie Schritt zu halten und sich die neuesten Errungenschaften auf dem Kommunikationssektor zunutze zu machen.

1992 erfolgte der Austausch der bereits 15 Jahre alten Funkgeräte und Funkausstattungen gegen neue, digitalisierte Geräte der Marke Motorola MX mit digitaler Sprachverschlüsselung (z. B. Handfunksprechgerät SEM 166 durch Motorola MX 2000) ersetzt. Ab diesem Zeitpunkt wurden alle Fahrzeuge auch mit abhörsicheren MC-Spectro Funkgeräten ausgestattet. In den Führungsfahrzeugen sind mindestens zwei Funkgeräte eingebaut, um mit den eingesetzten Kräften einerseits und andererseits mit der Zentrale oder anderen Funkstationen ständigen Kontakt zu halten. Eine modernste Datenübertragung mit Zentralcomputer ist fast schon selbstverständlich. Für bestimmte Aufgaben, die den Einsatz außerhalb Österreichs vorsehen (Botschaftsbewachungen, Ausbildung , UNO etc.) steht modernste Satellitentechnik bereit. Über PC-Technik zu berichten, hieße Eulen nach Athen tragen. Daneben sind bestimmte Fahrzeuge mit Flugfunkgeräten bestückt, um sich beispielsweise

GEK-Gendarm mit Handfunksprechgerät Motorola MX 2000.
Foto: Franz Posch

bei Flugzeugentführungen direkt in den Flugfunk einschalten zu können.

Für Observationsaufgaben stehen speziell adaptierte »Kripo-Garnituren« zur Verfügung, und darüber hinaus kann bei Bedarf auch noch auf CB-Funkgeräte(!) zurückgegriffen werden.

Auslandseinsätze

Allgemeine Voraussetzungen

Beamte der österreichischen Exekutive waren erstmals 1964 in Zypern für die Vereinten Nationen tätig. Nach längerer »Sendepause« folgte 1991 ein Einsatz in Südwestafrika/Namibia. In weiterer Folge meldete die UNO einen steigenden Bedarf an Exekutivbeamten und auch Soldaten des Bundesheeres an. Das Anforderungs/Einsatzprofil änderte sich je nach den Gegebenheiten vor Ort. So waren die ersten Einsätze von Improvisation und dem Sammeln von Erfahrungswerten gekennzeichnet. Teilweise bildete das Bundesheer Polizisten und Gendarmen für ihre Auslandstätigkeit aus.

Obwohl das Potential an auslandserfahrenen Beamten wuchs, bestand weiter der Bedarf, Auswahl und Ausbildung effizienter zu gestalten. In Folge bildete die Exekutive einen Ausbilderstamm engagierter Beamten und erstellte mit dem *Referat für Auslandseinsätze im Gendarmeriezentralkommando* ein Gesamtkonzept mit definierten Ausbildungsinhalten. Sämtliche Vertreter der österreichischen Exekutive treten daher im Ausland in Gendarmerieuniform auf, selbst wenn es sich um Angehörige der Polizei handelt (z. B. WEGA).

Auswahl und Ausbildung

In einer jährlichen Ausschreibung können sich Polizei- und Gendarmeriebeamte/innen freiwillig für den Auslandseinsatz bewerben. Die Bewerbung ist an verschiedene Kriterien gebunden, wie z. B. Berufserfahrung, Sprachkenntnisse und eine entsprechende Dienstleistung.

Bewerber, die dieses Profil aufweisen, werden einem eintägigen Englischtest mit hohem Niveau unterzogen, der sich an Vorgaben der Vereinten Nationen orientiert. Die Ausfallsquote beträgt etwa 50 Prozent. Wer besteht, wird zu einem Grundausbildungslehrgang eingeladen.

Grundausbildung
Die Ausbildung findet auf dem Areal des Gendarmerieeinsatzkommandos statt, da hier eine sehr gute Infrastruktur besteht. Sie gliedert sich in zwei Teile, deren erster die notwendigen theoretischen Hintergründe für einen Auslandseinsatz vermittelt.

Dazu gehören
- internationale Organisation,
- Psychologie(Stressbewältigung etc.),
- Menschenrechte,
- Pressearbeit,
- UN-Englisch,
- Militärbeobachter-Kooperation mit dem österreichischen Bundesheer
- Orientieren und Kartenkunde/Umgang mit GPS,
- Grundlagen der Fahrtechnik/Allrad,
- UNHCR (UN High Commissariat for Refugees)

Im zweiten Teil werden die Teilnehmer körperlich und geistig hart rangenommen; u. a. durch:
- Hindernisbahn des GEK,
- 2400 Meter Lauf,
- Fahren im Gelände,
- Orientierungsmarsch,
- Leben im Felde,
- Rollenspiele.

In beiden Ausbildungsteilen wird die Belastbarkeit der Teilnehmer durch Gruppendruck, Tests etc. ausgelotet, was bei den Teilnehmern selbst zu Überraschungen und neuen Erkenntnissen führt.

Rechtliche Grundlagen für Auslandseinsätze

Auslandseinsätze von Österreichern (Militär, Exekutive, Zivil) haben eine lange Tradition. Nach dem Kongoeinsatz von Soldaten des Bundesheeres 1960 wurden die rechtlichen Grundlagen für eine rasche und zweckmäßige Entsendung geschaffen. Diese Gesetze regeln auch die Bedingungen für die Einsatzkräfte. Letztlich müssen z. B. versicherungsrechtliche Fragen zur Absicherung der Familie des Betroffenen bei einer eventuellen schweren Verletzung oder gar im Todesfall geklärt sein. Die einzelnen gesetzlichen Grundlagen sind

- das österreichische Auslandseinsatzrecht (Bundesverfassungsgesetz über Kooperation und Solidarität bei der Entsendung von Einheiten und Einzelpersonen in das Ausland (KSE-BVG), BGBl Nr. 38/1997;
- das Auslandseinsatzgesetz, BGBl Nr. 233/1965;
- das Auslandszulagengesetz, BGBl Nr. 66/1999;
- das österreichische Haushalts- und Verwaltungsrecht (nationale Dienst-, Besoldungs- und sozialrechtliche Normen (u. a. WG 1990, BDG 1979, GG, BK-UVG, ASVG)
- die Verwaltungsnormen für nationales Gerät;

- das Recht der jeweiligen internationalen Organisation;
- das Völkerrecht;
- die Übereinkommen zwischen den Vertragsstaaten, BGBl. III Nr. 136/1998;
- das Zusatzprotokoll, BGBl. Nr. 137/1998;
- das internationale Privatrecht, BGBl Nr. 21/1967;
- das internationale Strafrecht mit § 62ff StGB usw.

Auslandseinsatzrecht

Die Bundesverfassung gestattet Soldaten und Polizisten hoheitliche Akte (z. B. das Durchsuchen von Fahrzeugen) grundsätzlich nur auf österreichischem Hoheitsgebiet. Um militärische Hoheitsakte auch im Ausland durchführen zu können, bedarf es daher einer verfassungsrechtlichen Ausnahme, geregelt durch das Bundesverfassungsgesetz über Kooperation und Solidarität bei der Entsendung von Einheiten und Einzelpersonen in das Ausland. Die Details derartiger Entsendungen regeln das Auslandseinsatzgesetz und das Auslandszulagengesetz.

Wer bestanden hat oder nicht, legt der *Koordinator der Ausbildung im Auslandsreferat des Gendarmeriezentralkommandos* nach Rücksprache mit dem Ausbilderstamm fest. Erfolgreiche Kandidaten kommen in einen *»Pool«* für künftige Auslandseinsätze.

Ausbildung real.
Ein falsches Wort kann
hier das »Aus« bedeuten.

Realismus total: Kambodschanischer Jeep M 151 (MUTT) mit zugedeckter Leiche. Herausgetretenes Hirn (1) zeigt »realistisch« die Situation. Das Szenario wurde von Sachverständigen nachgestellt.

Sachverständige und Ausbilder bei der Abschlussbesprechung einer Übung. GEK-Hauptmann, Gendarmeriemajor, Polizei-Organisator (WEGA), Kriminaltechniker.

Einsatzvorbereitung

Im letzten Abschnitt vor einer Entsendung ins Ausland wird speziell auf das jeweilige »Missionsgebiet« eingegangen. Innerhalb einer Woche folgen die

- ärztliche Überprüfung,
- Impfungen,
- Einweisung in politische Hintergründe,
- Einweisung in historische und kulturelle Hintergründe,
- Fassen der Ausrüstung.

Im Regelfall verpflichten sich die Teilnehmer zu einem einjährigen Einsatz. Diesen können sie aus persönlichen Gründen abbrechen, wobei sie die Flugkosten selbst tragen müssen.

Im »Missionsgebiet« erfolgen noch Überprüfungen der Fahr-, Sprach- und Schießkenntnisse.

Das GEK im Ausland

Algerien 1994

Das Gendarmerieeinsatzkommando ward als »Krisenfeuerwehr der Republik Österreich«, um die Worte des früheren Innenministers Karl Schlögl zu gebrauchen, 1994 nach Algerien gerufen.

Im April 1994 verschärften sich in diesem nordafrikanischen Land – insbesondere in der Hauptstadt Algier – die terroristischen Aktivitäten islamischer Fundamentalisten. Der damalige Kommandant des GEK, Brigadier Pechter, erhielt zunächst eine Vorausinformation, dass unter Umständen mit verstärkten Personen- und Objektschutzmaßnahmen für den Botschafter und die Botschaft Österreichs in Algier zu rechnen sei. Unverzüglich erstellte das GEK ein mögliches Einsatzdispositiv, um es mit dem Generaldirektor für die öffentliche Sicherheit abzustimmen. Am 18. April 1994 fand in der Generaldirektion für öffentliche Sicherheit eine Besprechung mit dem Ressortchef und hohen Beamten des Bundesministeriums für auswärtige Angelegenheiten statt. Das GEK erläuterte die Einsatzmöglichkeiten und sagte sofortige Einsatzbereitschaft zu. Brigadier Pechter und Hauptmann Bachler, der jetzige Kommandant, flogen zur Erkundung nach Algier, führten Gespräche mit Botschafter Dr. Berlakovits sowie mit dem algerischen Generaldirektor für öffentliche Sicherheit. Bei der Erkundung

Brigadier Johannes Pechter

der österreichischen Residenz in Birkhadem, einem Vorort von Algier, wurden Hinweise auf Aktivitäten der inzwischen weltweit bekannten fundamentalistischen Terrorgruppe GIA *(Groupe Islamique Armée)* festgestellt. Sie waren in die unbewohnte Residenz eingedrungen, hatten Wände mit »GIA« beschmiert und die Imitation einer Sprengladung angebracht. Die Einsatzstärke des GEK wurde auf einen Offizier und sechs Beamte festgelegt, die allesamt – wie international üblich – mit Diplomatenpässen ausgestattet wurden. Der Einsatz dauerte vom 4. Mai 1994 bis zur Schließung der Botschaft am 15. August 1994 wegen Zunahme terroristischer Aktivitäten. Bei weiteren Reisen des Botschafters nach Algier stellte das GEK den Personenschutz.

Peru 1996

Am 18. Dezember 1996 nahmen 14 Mitglieder der peruanischen Terrororganisation *Tupac Amaru* (MRTA) in der Residenz des japanischen Botschafters in Lima rund 400 hochrangige peruanische Persönlichkeiten und fast alle in Peru akkreditierten Diplomaten als Geiseln. Unter den Geiseln befanden sich auch der österreichische Botschafter in Lima, Mag. Artur Schuschnigg und seine Frau. Die Terroristen ließen zunächst die Frauen und einige Diplomaten frei. Botschafter Schuschnigg blieb im Gewahrsam der Terroristen. Am 20. Dezember wurden nach Auftrag ein Vertragsarzt des GEK, Oberarzt Dr. Paul, ein Psychologe des BMI, Ministerialrat Dr. Walter, sowie Brigadier Pechter und Kontrollinspektor Raffler für den Einsatz bestimmt.

Der Auftrag für die Gruppe des BMI/GEK lautete, Kontaktaufnahme mit peruanischen Sicherheitsorganen sowie inzwischen freigelassenen Diplomaten herzustellen, mit der Zielsetzung, die Freilassung von Mag. Schuschnigg und weiterer Geiseln zu erreichen. Mit einer entsprechenden Ausrüstung, u. a. Satellitentelefon, Dokumentationsmaterial, medizinischen Geräten und Medikamenten ging es nach Lima. Nach einer ersten Verbindungsaufnahme mit Vertretern der österreichischen Botschaft in Lima konnte noch am selben Tag mit dem freigelassenen deutschen Botschafter Dr. Wöckle Kontakt aufgenommen werden. Der nächste Tag war mit Erkundungen und Gesprächen mit den peruanischen Sicherheitsbehörden ausgefüllt. Ein General der peruanischen Nationalpolizei, der 1983 als Major einen Lehrgang beim GEK besucht hatte, stand der Gruppe hilfreich zur Seite. Überraschend ließen die Terroristen Botschafter Schuschnigg in der Nacht vom 22. auf den 23. Dezember frei. Er wurde noch am Morgen medizinisch untersucht, von den Sicherheitsprofis

befragt und von den beiden österreichischen Ärzten posttraumatisch behandelt. Nach laufender Berichterstattung über Satellitentelefon konnte der Diplomat die Rückreise antreten.

Auch dieser Einsatz war u. a. wegen der gewonnenen Erkenntnisse im Zusammenhang mit einer schwierigen Geisellage für die Gruppe des BMI/GEK von großer Bedeutung.

Albanien 1997

Im Frühjahr 1997 geriet Albanien in die Schlagzeilen der Weltpresse: Der Zusammenbruch von Pyramidenspielen (Abschöpfung des Bargeldes der Bevölkerung durch *Clans*) zog, ausgehend von der Stadt Durres, Demonstrationen nach sich, die sich bald auf das ganze Land ausweiteten und

Abzeichen für GEK-Beamte, die am Tirana-Einsatz teilnahmen.

sich in Gewalttätigkeiten entluden. Unter der biblisch anmutenden Parole »Das Land gehört euch« kam es zu Plünderungen von Polizei- und Militärdepots durch die albanische Bevölkerung. Die Demonstranten bewaffneten sich und erbeuteten sogar Panzerfahrzeuge. Die ausufernden Unruhen veranlassten die OSZE *(Organisation für Sicherheit und Zusammenarbeit in Europa)* Überlegungen hinsichtlich einer Intervention in Albanien anzustellen. Die OSZE-»Troika«, in der neben Österreich Polen und Dänemark den Vorsitz führten, ersuchte Bundeskanzler a. D. Dr. Vranitzky, als Krisenvermittler zu fungieren. Aufgrund der Sicherheitslage mussten für die Sicherheit der Delegation Vorkehrungen getroffen werden. Ein Fall für das GEK, das am 4. März 1997 damit beauftragt wurde.

Am 6. März setzte die Einheit vier Mann mit zwei sondergeschützten (gepanzerten) Fahrzeugen auf dem Landweg über Belgrad in Richtung Tirana in Marsch. Nach 40-stündiger Fahrt erreichten sie Tirana am 7. März 1997 um 18 Uhr. Allein für die 110 km von der mazedonisch/albanischen Grenze nach Tirana (jetzt NATO-Straße »Copper«) brauchten die Fahrzeuge aufgrund schlechter Straßenverhältnisse fast fünf Stunden. Nach Erledigung des Auftrags und der folgenden Heimbeorderung über die Route Durres – Bari wurde, nachdem die Lage sich wieder verschlechterte, »kehrt gemacht«, um mit neuem Auftrag wieder Tirana anzusteuern. Grund waren weitere Reisen Dr. Vranitzkys. Die Lage in Durres und ganz Albanien war außer Kontrolle geraten.

Die gewalttätige Bevölkerung zerstörte ihr eigenes Land. Hierbei wurde alles, aber auch wirklich alles, das sich abmontieren und verkaufen ließ, ins Ausland verscherbelt: Lichtleitungen, Brückengeländer, Schienennägel, Kanalgitter, Schleusen, Fabrikseinrichtungen, Telefondraht, Elektrokabel, Masten, Trafostationen, Fenster – alles verließ gegen gute D-Mark das Land. Selbst eingetroffene Lebensmittel und Hilfsgüter waren binnen Stunden in die Anrainerstaaten verscheuert. Märkte fanden nur bis 11 Uhr vormittags statt, da die Händler danach ausgeraubt wurden. Albanien verkaufte sich sozusagen selbst ins 18. Jahrhundert zurück. Zwei Statussymbole blieben: Mercedes-Pkw und Kalaschnikow.

In den Abendstunden des 13. März 1997 spitzte sich die Lage in Tirana derart zu, dass die Beamten in die Botschaft zu Botschafter Dr. Calice wechselten, um von dort die Evakuierung österreichischer Staatsbürger vorzubereiten. Am 14. März – es wurde immer noch geschossen – brachten die GEK Beamten mit ihren sondergeschützten Fahrzeugen diese Leute und einige Ausländer in die österreichische Botschaft in Sicherheit. Die Evakuierung sollte bereits am Vormittag mit Hubschraubern der deutschen SFOR-Truppe (Operation »Libelle«) aus Bosnien erfolgen. Aufgrund der immer schwieriger werdenden Sicherheitslage konnten die deutschen Hubschrauber erst am Nachmittag auf einem Behelfsflugplatz in Tirana landen, worauf die GEK-Beamten mit den sondergeschützten Fahrzeugen im Pendelverkehr rund 20 Personen zum Landeplatz karrten. Kaum waren die Hubschrauber gelandet und deutsche SFOR Truppen mit Sturmgewehren und Panzerfäusten zur Sicherung der Hubschrauber in Stellung gegangen, erschien eine nicht näher identifizierbare Gruppe bewaffneter Albaner in Kleintransportern und eröffnete sofort das Feuer aus automatischen Waffen. Das Feuer wurde von den deutschen Soldaten sofort erwidert, worauf die Angreifer das Weite suchten. Nun konnten die GEK-Limousinen die Menschen zu den Hubschraubern bringen, die sie in Folge ausflogen.

Da der Flughafen Rinas gesperrt war und Dr. Vranitzky seine Mission nicht abbrechen wollte, kam es an diesem Tag, als in Tirana und anderen albanischen Städten chaotische Verhältnisse herrschten, trotzdem zu einem Treffen mit dem albanischen Premierminister Bashkim Fino und Regierungsmitgliedern sowie Mitgliedern der OSZE-Delegation auf der vor Albanien kreuzenden italienischen Fregatte *Aliseo*. Dr. Vranitzky und die Mitglieder

---

Wie im Wilden Westen

In dieser angespannten Situation kam es zu einem Vorkommnis, bei dem österreichische Soldaten von der Waffe Gebrauch machten – und trafen –, nachdem sie vor dem Malteserlager Skhodra ins Kreuzfeuer zweier sich bekriegender *Clans* geraten waren. Albanische Augenzeugen zeigten sich beeindruckt und kommentierten in etwa: »Die Österreicher tragen geladene Waffen – und schießen sogar gezielt!« Kontingente anderer Armeen erschienen dagegen in einer Ausrüstung, als stünde der 3. Weltkrieg unmittelbar bevor, hatten aber in ihren stolz zur Schau getragenen Waffen keine Magazine! Die waffenkundigen Albaner bemerkten dies natürlich und zogen ihre Schlüsse.

Dass geladene Waffen durchaus in weniger brisanten Situationen Eindruck machen, erwies sich u. a. auch beim Anfahren einer albanischen Maut-Straßensperre. Der Beifahrer eines österreichischen Pinzgauers hielt nur das StG 77 aus dem Fenster, dessen durchsichtiges Magazin keinerlei Zweifel über den Ladezustand ließ, um durchgewunken zu werden. Ebenso war in einem Kaffeehaus in Tirana zu beobachten, dass Besucher ohne geladene Waffe nicht oder nur nach erheblicher Wartezeit bedient wurden. Wer hingegen die geladene Glock auf den Tisch legte – keinesfalls in böser Absicht oder gar als unkonventionelles Zahlungsmittel – wurde sofort von der Kellnerin angesteuert.

der OSZE-Delegation waren in den frühen Morgenstunden begleitet von Brigadier Pechter und zwei GEK-Männern mit einem Flugzeug der italienischen Luftwaffe nach Brindisi und von dort mit zwei Hubschraubern zur Fregatte geflogen worden. Alle Gespräche nach außen – u. a. mit der US Außenministerin Madeleine Albright – gingen über Satellitentelefon.

Aufgrund eines Auftrages, an einer Sitzung unter Leitung des holländischen Diplomaten Jan de Marchant et Ansembourg in Tirana teilzunehmen, flog Brigadier Pechter mit seinen Mannen noch am selben Tag nach Rom und weiter nach Brindisi. In den frühen Morgenstunden brachten Hubschrauber der US Navy das GEK-Trio zusammen mit Journalisten zum Flugzeug- und Hubschrauberträger USS *Nassau*, der vor der albanischen Küste kreuzte. Nach einem kurzen Aufenthalt wurde die Personengruppe von Kampfhubschraubern nach Tirana geflogen. Nach intensiven Gesprächen mit den albanischen Sicherheitsbehörden konnte AUA-Flottenchef Kapitän Dr. Bock am 24. März 1997 bereits wieder eine Verkehrsmaschine nach Albanien/Tirana fliegen. Es war der erste *Airliner*, der wieder in Rinas landete. Selbstredend waren GEK-Flugbegleiter an Bord und auf dem Flughafen präsent.

Am 22. April 1997 erhielt das GEK über Ersuchen des damaligen albanischen Außenministers Arjan Starova an Bundesminister Schlögl den Auftrag, Ausbilder zu stellen. Diese sollten Angehörige des albanischen Innenministeriums in der Durchführung von Personen- und Objektschutzmaßnahmen schulen. Nach Gesprächen mit dem albanischen Innenminister Belul Celo reisten vier Ausbilder mit entsprechender Ausrüstung in einem VW-Kleintransporter über Bari und Durres nach Tirana. Bereits am 28. April 1997 um 09.00 Uhr begannen sie im Vortragssaal des Europaparkhotels mit dem Unterricht. Nach sechs Wochen, am 7. Juni 1997, konnte der Kurs erfolgreich abgeschlossen werden.

Nach den Wahlen/Nachwahlen in Albanien (29. 6./ 6. 7. 1997) und der folgenden Normalisierung der Lage konnte die bei der österreichischen Botschaft in Tirana eingerichtete GEK-Expositur geschlossen werden. Mit dem gleichzeitigen Abzug der multinationalen Truppen traten auch die GEK-Ausbilder am 27. Juli 1997 die Heimreise an.

Algerien 1998

Am 4. Februar 1998 erhielt das GEK einen weiteren Sicherungsauftrag zum Schutz der österreichischen Botschaft respektive des Botschafters in Algier. Er ging auf ein Ersuchen des Bundesministeriums für Auswärtige Angelegenheiten vom 22. Jänner 1998 zurück und sah vor, mit Wirkung vom 1. März 1998 eine Expositur (Außenstelle) des GEK bei der österreichischen Botschaft zu errichten. Brigadier Pechter sollte, unbeschadet seiner Stellung als Kommandant des GEK, auch die Funktion eines Kommandanten der Expositur übernehmen. GEK-Beamte mit Auslandserfahrung meldeten sich zum Dienst in Algier. Die Sicherheitslage war alles andere als rosig: Obwohl der Fastenmonat Ramadan am 31. Dezember 1998 bereits begonnen hatte, massakrierten religiöse Fanatiker Hunderte von Menschen.

»Algerien«-Abzeichen des Gendarmerieeinsatzkommandos.

Kurzum, dieser Einsatz stellte eine neue Herausforderung dar. Zwei Tonnen Ausrüstung und sondergeschützte Fahrzeuge mussten bereitgestellt, Diplomatenpässe für die Männer und Bewilligungen für die Fahrzeuge besorgt werden. Am 22. Februar reiste das Vorauskommando nach Algier ab. Das Gerät transportieren Lkw einer Spedition nach Genua, von dort schipperte es ein Frachter der Grimaldi-Linie nach Algier. Die Entladung sollte am 24. Februar erfolgen, doch die Hafenbehörden verweigerten dem Schiff zunächst die Einfahrt. Nachdem es schließlich anlegen durfte, stellte sich der algerische Zoll quer. Erst am 1. März durften Fahrzeuge und Ausrüstung passieren. Noch am selben Tag installierte das GEK in einem Hotel ein Dienstzimmer mit Computer, Fernmeldeeinrichtungen etc. Um 18.00 Uhr konnte bereits der volle Dienstbetrieb aufgenommen werden. Die Unterbringung in einem Hotel war notwendig geworden, weil die vorgesehenen Gebäude natürlich noch nicht fertig waren. Nach diesen Hürden kam manchem Beteiligten das Überwinden der Hindernisbahn in Wiener Neustadt dagegen wie die reinste Erholung vor . . .

Die GEK-Expositur in Sarajewo

Das *Office of the High Representative* (OHR) ist die oberste zivile Autorität der UNO in Bosnien und der Herzegowina. Kraft der von den Vereinten Nationen übertragenen Befugnisse kann der *High Representave*, der Hohe Repräsentant oder Statthalter, Gesetze erlassen oder Gesetze, die nicht im Einklang mit den Intentionen des Friedensvertrages von Dayton stehen, aufheben. Er kann Politiker, aber auch Direktoren und Manager in der Privatwirtschaft, die gegen das Friedensabkommen von Dayton verstoßen, ihres Amtes entheben bzw. absetzen. Beispielsweise wurde so der bosnische Innenminister nach dreimaliger Ermahnung wegen separatistischer Tendenzen abgesetzt. Dem *Hohen Repräsentanten* obliegt es auch, bei Differenzen in der Interpretation des Friedensabkommens über die letztendlich gültige Auslegungsvariante zu entscheiden. Das OHR in Sarajewo hat etwa 130 internationale und 270 lokale Mitarbeiter, die auf mehrere Städte aufgeteilt sind.

Der Österreicher Dr. Wolfgang Petritsch folgte 1999 dem Schweden Carl Bildt und dem Spanier Carlos Westendorp im Amt des *Hohen Repräsentanten*. Dr. Petritsch war 1997 zum Botschafter in Belgrad bestellt und im Oktober 1998 zum *Special Envoy* der EU im Kosovo ernannt worden. Die Dauer dieser Funktionen ist zeitlich nicht begrenzt.

Seit dem 15. August 1999 unterhält das Gendarmerieeinsatzkommando eine Außenstelle in Sarajewo, der Hauptstadt von Bosnien und der

Personenschutz für Dr. Petritsch durch Männer des GEK.

Dr. Petritsch im Gespräch mit dem Autor, gesichert durch zwei GEK-Beamte.

Herzegowina. An diesem Tag reiste Botschafter Dr. Petritsch nach Sarajewo, um sein Amt als *Hoher Repräsentant* für Bosnien und Herzegowina anzutreten. Und wie international üblich, hatte der Heimatstaat für den Schutz seines Vertreters im Ausland zu sorgen.

In Österreich ist das Gendarmerieeinsatzkommando für den Sicherheitsdienst im Rahmen diplomatischer Missionen verantwortlich (§ 5 Sondereinheiten-Verordnung). Nach den beiden Einsätzen zum Schutz der österreichischen Botschaften und des jeweiligen Vertreters Österreichs in Algerien und in Albanien (siehe Seite 167–170) war dies der dritte große Auslands-Auftrag des GEK.

Hier nun die Darstellung der Errichtung der Expositur in Sarajewo:

Nachdem das GEK am 3. August 1999 vom Bundesminister für Inneres den Auftrag erhalten hatte, den Schutz- und Begleitdienst für Dr. Petritsch für die Dauer seiner Tätigkeit als *Hoher Repräsentant* zu übernehmen, blieben knapp zwei Wochen Vorbereitungszeit.

Da es sich um den dritten Auslandseinsatz handelte, konnte das GEK auf einige Erfahrungswerte bei der Planung und Durchführung derartiger Missionen zurückgreifen; trotzdem blieben noch Detailfragen offen, die in der kurzen Vorbereitungsphase nicht zu klären waren. Das Notwendigste, der mündliche Auftrag durch den Innenminister und der entsprechende Erlass durch die Generaldirektion für die öffentliche Sicherheit, lagen vor; andere wichtige Voraussetzungen wie die Klärung der Budgetierung und die Besoldung der Beamten, die Genehmigung zur Errichtung einer Expositur und die Anmietung eines geeigneten Objektes dazu konnten teilweise erst nach Wochen geschaffen werden.

Die Stärke der Personenschutzgruppe war vom Kommandanten des GEK in Absprache mit dem Innenminister auf sieben Mann festgelegt worden. Dazu kam noch ein Beamter der staatspolizeilichen Abteilung der Bundespolizeidirektion Wien, der gerade einen einjährigen Auslandseinsatz im Rahmen der UNO-Polizei in Bosnien und Herzegovina beendet hatte, und den Dr. Petritsch wegen seiner Erfahrung und Kenntnis der Lage im Land als persönlichen Verbindungsbeamten nach Sarajewo mitnehmen wollte.

Neben der Schaffung der rechtlichen Voraussetzungen liefen die Einsatzvorbereitungen auf Hochtouren. Der als Einsatzreferent auch für Personenschutzangelegenheiten zuständige Offizier wurde mit der Leitung des Auslandseinsatzes betraut; er wiederum suchte sich seine Gruppe aus den Reihen der Taktikausbilder, der Techniker sowie aus den vier Einsatzzügen des GEK zusammen.

Obwohl sich aus verschiedensten Quellen die Lage in Bosnien/Herzegowina ausreichend beurteilen ließ, konnte über den tatsächlichen Ablauf des Dienstes in Sarajewo nur spekuliert werden. Der Vorgänger von Dr. Petritsch, der Spanier Carlos Westendorp, hatte 24 Mann der *Guardia Civil* zu seinem Schutz in Sarajewo stationiert. Die Vorgabe bzw. der Wunsch von Dr. Petritsch für seinen Personenschutz war: »Soviel wie nötig, aber sowenig wie möglich.« Bekannt war, dass der Botschafter beabsichtigte, viel im Land zu reisen und den Kontakt zur Bevölkerung zu suchen. Bekannt war auch, dass der *Hohe Repräsentant* in vielen Teilen des Landes zwar in hohem Ansehen stand, bei manchen Volksgruppen aber auf starke Ablehnung stieß.

So traten am 15. August 1999 die sieben GEK-Beamten und der Kollege der Bundespolizeidirektion Wien mit Bewaffnung und umfangreichem Material sowie einigen ungeklärten Fragen im Gepäck die Reise nach Sarajewo an. Mit Dr. Petritsch war vereinbart, ihn in seinem Heimatort in der Nähe von Ferlach/Kärnten abzuholen. Von dort führte der Weg über den Loiblpass nach Slowenien, durch Kroatien und weiter durch Bosnien und Herzegowina nach Sarajewo, wo man spät in der Nacht ankam.

Dr. Petritsch hatte vom österreichischen Botschafter in Sarajewo die Einladung, in dessen Residenz wohnen zu können, bis er selbst eine geeignete Unterkunft gefunden habe. Das Personenschutzteam hatte vorerst in dem auch von der UNO frequentierten Hotel »Oaza« in Ilidza, einem Vorort Sarajewos in der Nähe des Flughafens, Zimmer angemietet.

In den ersten Tagen in Sarajewo mussten sich die GEK-Beamten an die neue, fremde Umgebung gewöhnen, über die sie, vor allem zur Zeit des Krieges, so viel gehört und gelesen hatte. Beeindruckt von den gewaltigen Zerstörungen und oft gänzlich menschenleeren Landstrichen, die man bei der Anreise passiert hatte, sowie durch die zahlreichen Ruinen im Stadtgebiet war man doch wieder irritiert, dass das Leben in Sarajewo pulsierte und scheinbar gänzlich normal ablief.

Auf die GEK-Beamten wartete eine Menge Arbeit. Der Personenschutz musste organisiert und auch schon von Beginn an durchgeführt werden, das Büro im *Office of the High Representative* war einzurichten und an die neuen Erfordernisse zu adaptieren, der Kontakt zu den Mitarbeitern im OHR sowie zu den Mitgliedern der anderen Personenschutzteams (neben dem *Hohen Repräsentanten* werden auch seine beiden Stellvertreter von Sicherungsgruppen beschützt) musste hergestellt werden, und nebenbei galt es auch ein geeignetes Objekt zu finden, das als Expositur des Gendarmerieeinsatzkommandos und damit als Dienststelle und Unterkunft für die Beamten dienen konnte. Und schlussendlich, als eine der vordringlichsten Aufgaben, hatten sich auch alle mit der Stadt und den wichtigsten Institutionen, Ministerien, internationalen Organisationen usw. so weit vertraut zu machen, als dies für die Durchführung des Schutz- und Begleitdienstes erforderlich war.

Doch da alle überaus motiviert an die Sache gingen, konnten alle Probleme rasch gelöst und sämtliche Anforderungen zur vollsten Zufriedenheit erfüllt werden.

Schon nach einer Woche konnten die Zimmer im Hotel »Oaza« aufgegeben und die Unterkunft in einem angemieteten Objekt in der Nähe des OHR bezogen werden. Dieses Haus ist seitdem Standort der Expositur des Gendarmerieeinsatzkommandos in Sarajewo. Neben seiner Funktion als Dienststelle bietet es Unterkünfte für acht Personen.

Der Acht-Personen-Haushalt funktioniert nun schon seit anderthalb Jahren reibungslos (2002). Die Küchen- und sonstigen Arbeiten sind genau aufgeteilt, und durch die Einhaltung bestimmter interner Verhaltensregeln konnten größere Probleme im Zusammenleben bisher sehr einfach vermieden werden. Auch in diesem Bereich ist die Motivation und Disziplin der Beamten deutlich zu erkennen. Immerhin waren in der Zwischenzeit schon mehr als 30 Angehörige des GEK in Sarajewo eingesetzt.

Die Einteilung erfolgt dabei nach einem Rotationsprinzip. Jeder Beamte wird grundsätzlich für

Gelebte humanitäre Hilfe. Jeder österreichische Radpanzer Pandur hatte beim 2. Kontigent (2000) Kinderspielzeug an Bord. Hier die Übergabe eines Stofftieres in einem entlegenen Gebirgsdorf durch den Autor. Dieses Handeln wirkt sich auch positiv für die eingesetzten und vom GEK ausgebildeten österreichischen Exekutivbeamte aus.

Ein halbes Jahr später (4. Kontigent). Nun kam der »Dorfälteste« (weiße Kappe) und erhielt vom Autor 2 kg Wiener Kaffee. Er hatte Tränen in den Augen. Einfachste zwischenmenschliche Kontakte. Man muss sie erleben, um zu verstehen. Der Autor trägt die nun übliche schwere Schutzweste.

zwei Monate nach Sarajewo entsendet und kommt nach sechs bis acht Monaten in der Heimat wieder nach Bosnien. Der Austausch der Beamten erfolgt truppweise, wobei jeden Monat die Hälfte des Kontingents wechselt, sodass sich immer Überschneidungen ergeben und niemals alle Beamten zur selben Zeit die Expositur verlassen bzw. neu einrücken.

Als Kommandant fungiert jeweils ein Offizier, der von zwei dienstführenden und vier eingeteilten Beamten unterstützt wird. Die Expositur ist ständig besetzt und rund um die Uhr telefonisch erreichbar.

Schon von Beginn an erwies sich eine Einteilung in zwei Personenschutztrupps als sinnvollste und praktikabelste Lösung. Ein Team ist jeweils mit den Personenschutzaufgaben des betreffenden Tages betraut, das andere stellt das Vorauskommando, führt Erkundungen durch und ist für die Besetzung der Expositur sowie die Erledigung der anfallenden administrativen Tätigkeiten zuständig. Der Kommandant sorgt für die notwendige

Koordination der Dienste, ist Ansprechpartner für den *Hohen Repräsentanten* und die Mitarbeiter seines Büros und hat die notwendigen Planungen und Veranlassungen für die zahlreichen ins Landesinnere und ins Ausland führenden Dienstreisen vorzunehmen. Bei größeren Anlässen und wichtigeren Auslandsreisen leitet er den Personenschutz selbst.

Jeder Beamte muss neben entsprechender Motivation und stets tadelloser Dienstleistung beim GEK auch ein entsprechendes persönliches Auftreten und die notwendigen Englischkenntnisse aufweisen, die erforderlich sind, um an einer internationalen Einrichtung wie dem OHR, wo Englisch Behördensprache ist, arbeiten zu können.

Bei dieser Mission hat jeder Einzelne somit nicht nur einen Personenschutzauftrag zu erfüllen, er fungiert gleichzeitig auch als Repräsentant seiner Einheit und seines Heimatstaates.

Der Dienst an sich ist vielseitig und verlangt ein hohes Maß an Flexibilität. Abgesehen davon, dass

Die Bundeswehr setzt – u. a. für Personenschutz-Aufgaben – das derzeit modernste Fahrzeug am Markt ein: Den *Dingo*. Er kann einfach alles. Hier passiert das leicht gepanzerte Transportfahrzeug einen österreichischen Kontrollpunkt mit Radpanzer »Pandur« an der NATO-Straße.

man sich in einem fremden Land und fremden Kulturkreis sowie extremen Witterungsbedingungen zurechtfinden muss (im Sommer Temperaturen bis über 40°C; im Winter wochenlang mehr als 1 m Schneelage, in Sarajewo ohne funktionierende Schneeräumung), ist die Sicherheit der Schutzperson rund um die Uhr auch bei allen ihren Freizeitaktivitäten zu gewährleisten. So etwa, wenn Dr. Petritsch zu seinen ausgedehnten Läufen entlang der Miljacka aufbricht.

Jedesmal eine neue Herausforderung sind die zahlreichen Auslandsdienstreisen mit dem Hohen Repräsentanten. In regelmäßigen Abständen muss dieser dem Lenkungsausschuss der Staatengemeinschaft, die den Friedensvertrag von Dayton unterzeichnet hat, Rechenschaft über seine Tätigkeit und die Verwendung der finanziellen Mittel ablegen. Ein wichtiger Teil seiner Aufgaben ist es auch, die einzelnen Mitgliedsstaaten über geplante Projekte und Vorhaben zu informieren, ihre Zustimmung einzuholen und sie über die Entwicklung der Lage in Bosnien und der Herzegowina auf dem Laufenden zu halten. Für diese Reisen müssen die Personenschützer eine Menge Vorbereitungen treffen. Ein wichtiger Punkt dabei ist die Erlangung einer Waffentragegenehmigung für die Dauer des Aufenthaltes in dem betreffenden Land. Bis auf wenige Staaten, die generell ausländischen Sicherheitskräften das Führen von Waffen untersagen, macht dies noch keine großen Probleme. Die Schwierigkeiten beginnen allerdings damit, dass in den seltensten Fällen ein schriftlicher Bescheid oder etwas Ähnliches ausgestellt wird. Wenn man keine negative Antwort erhält, kann man von einer wohlwollenden Erledigung des Antrages ausgehen. Nur hat man keinen Nachweis in der Hand, mit dem man dem kontrollierenden Sicherheitsorgan bei der Einreise auf dem Flughafen beweisen könnte, dass man die Waffe wirklich rechtmäßig einführt. Auch das *Procedere* der Waffenverwahrung, -übergabe und -übernahme wird überall anders gehandhabt. Durch das Fehlen international gültiger Regeln und Vorschriften ist man jedesmal vom Wohlwollen und von der Kooperationsbereitschaft der einzelnen Sicherheitsorgane, Flughafen- oder Fluglinienmitarbeiter bzw. der verantwortlichen Piloten abhängig.

Zweimal seit Beginn dieser Auslandsmission besuchte der Kommandant des GEK die Expositur in Sarajewo, um sich persönlich ein Bild über den Einsatz seiner Mitarbeiter zu machen und um eine Evaluierung der getroffenen Maßnahmen mit Dr. Petritsch durchzuführen. Übereinstimmend kam man zu dem Ergebnis, dass sich der Schutz- und Begleitdienst in der praktizierten Form und Stärke bewährt hat und deshalb auch weiterhin so aufrecht erhalten bleiben sollte. Dazu ist anzumerken, dass sich die Gefährdungslage für den *Hohen Repräsentanten* mittlerweile eher verschärft als entspannt hat, da die Umsetzung des Friedensvertrages von Dayton nicht immer nur populäre Maßnahmen für alle Bevölkerungsgruppen mit sich bringt und außerdem auch die Bekämpfung der organisierten Kriminalität auf dem Maßnahmenkatalog des OHR besondere Priorität einnimmt.

Neben der latent vorhandenen Gefahr durch die ethnischen Konflikte und die Organisierte Kriminalität lauert die größte Bedrohung aber stumm und unsichtbar im Erdboden, in Schutthaufen und in verlassenen Häusern und Ruinen: Minen!

Nach Schätzungen der internationalen SFOR-Truppen sind noch eine Million Panzer- und Schützenminen in Bosnien und der Herzegowina ausgelegt. Obwohl größte Anstrengungen unternommen werden, geht die Minenräumung nur sehr langsam und schrittweise voran. Fast täglich passieren irgendwo im Land Unfälle mit Minen, die zu schweren Verletzungen und Todesopfern führen. So kamen zum Beispiel im April 2002 drei Kinder beim Spielen auf einem Feld am Stadtrand von Sarajewo durch eine Minenexplosion ums Leben, ein anderes Mal wurden zwei Jugendliche getötet und einer schwer verletzt.

Immer wieder liest man von Unfällen bei Feldarbeiten oder Aufräumungsarbeiten in zerstörten Häusern. Deshalb gilt für alle Mitarbeiter als oberstes Gebot, niemals asphaltierte oder befestigte Straßen und Wege zu verlassen, egal ob zu Fuß oder mit Kfz, und auch niemals leerstehende oder zerstörte Häuser zu betreten! In vielen Fällen wurden Häuser von ihren rechtmäßigen Besitzern noch vermint, bevor sie die Flucht vor den herannahenden Feinden ergreifen mussten, oder es wurden in den Gebäuden nach ihrer Zerstörung von den Eroberern aus kriegstaktischen Gründen Minen ausgelegt oder einfach nur, um den Eigentümern die Rückkehr zu erschweren oder gänzlich unmöglich zu machen.

Journalistenausbildung für Krisengebiete

Allein im Jahr 2000 wurden 39 Journalisten bei der Arbeit in Krisengebieten getötet. Ursache war auch, dass sie sich in Unkenntnis der Gegebenheiten zur falschen Zeit am falschen Ort befanden und sich in der gegebenen Situation falsch verhielten. Die Bundeswehr reagierte darauf mit dem Angebot eines viertägigen, sehr wirklichkeitsnahen »Journalistenseminares«, bei dem die Schrift-, Bild- und Tonberichter auf die Gefahren in einem Kriseneinsatz vorbereitet werden. Nach Wissen des Verfassers erhalten deutsche Journalisten ohne diesen Lehrgang keine Genehmigung mehr zum Besuch von Truppenteilen der Bundeswehr in Kriegs- und Krisengebieten. Zu diesem Kurs wird nur zugelassen, wer sich vorher deklariert, d. h. wenn man angibt, worüber man zu schreiben gedenkt! So war das Erstaunen beim Bundeswehr-Presseoffizier im Kosovo groß, als der Schreiber dieser Zeilen erschien – trotz Voranmeldung und KFOR-Akkreditierung.

Auch in Österreich wurden die Gefahren und Risiken der Kriegs- und Krisenberichterstattung erkannt. Einige Journalisten mit Auslandserfahrung organisierten zusammen mit dem Zentrum Jagdkampf und dem BMI am Truppenübungsplatz Allentsteig einen (bisher einmaligen) dreitägigen Kurs »Überleben in Krisen- und Katastrophengebieten«. Als Schulungspersonal fungierten Spezialisten des Bundesheeres und des Innenministeriums (Soldaten, Gendarmen und Polizisten mit Auslandserfahrung, Vertreter von NGO's (Non-Government Organisation), erfahrene Journalisten sowie Angehörige des Roten Kreuzes.

Das Programm bestand aus Punkten wie »Aktivieren der Wahrnehmung«, »Selbsterfahrung durch fokussierte Konstruktion von Alltagswirklichkeiten der Krisen- und Kriegsgebiete«, »Erlernen von grundsätzlichen Überlebenstechniken«, »Techniken der Eigensicherung«, Orientieren, Überwinden von Hindernissen, Wasseraufbereitung oder lebensrettende Sofortmaßnahmen. Mit diesem Themenkatalog wurden Teile der Ausbildung internationaler Hilfsorganisationen übernommen. Das Motto des Kurses lautete »Nicht Härte, sondern Wissen zählt«.

Auch bei der Ausbildung muss gut gegessen werden. Das ZJaK versorgte die Journalisten mit Speis und Trank. Kniend der Organisator, der Journalist Kreuzinger in Heeresuniform (Offizierstellvertreter der Miliz). Der Koch ist zufrieden. Die Dame im Hintergrund ist eine Wachtmeisterin des Bundesheeres.

Die Minengefahr ist jedenfalls bei diesem Auslandseinsatz allgegenwärtig, und die Beachtung der oben angeführten Grundregeln muss jedem Beamten in Fleisch und Blut übergehen.

Trotzdem ist ein Leben und Arbeiten in Sarajewo sehr gut möglich. Aufgrund der großzügigen internationalen Hilfe und der stetigen Rückkehr geflüchteter Einwohner ist Sarajewo wieder zu einer pulsierenden Stadt geworden, die viele kulturelle und religiöse Einflüsse in sich vereint. Soldaten der SFOR-Truppen aus den verschiedensten Ländern und in den unterschiedlichsten Uniformen prägen zwar nach wie vor das Bild in den Straßen, doch meistens handelt es sich dabei um Mitglieder der internationalen Kontingente, die die Sehenswürdigkeiten der Stadt besichtigen oder im Basar in der Altstadt nach Souvenirs Ausschau halten. Für die Beamten des Gendarmerieeinsatzkommandos kann gesagt werden, dass man bei diesem Auslandseinsatz beste Bedingungen und Voraussetzungen für eine längerfristige Dienstleistung vorgefunden hat. Das OHR stellt eine gut funktionierende Organisation mit einer hervorragenden Infrastruktur dar, die für die Expositur des GEK voll genützt werden kann. Alle eingesetzten Beamten leisten einen interessanten, oft auch gefährlichen Dienst, der sehr viel Abwechslung bietet und gleichzeitig auch sehr viel Flexibilität und ein hohes Maß an persönlichem Einsatz verlangt. Aber als Lohn dafür führt diese Auslandsmission sicherlich zu einer persönlichen Weiterentwicklung, zu einer Horizonterweiterung und allgemein zu einer neuen Bewusstseinsbildung, die so nur im Zuge eines länger dauernden Auslandsaufenthaltes und im direkten Kontakt und Umgang mit der Bevölkerung erreicht werden kann.

Internationale Polizeikontingente im Kosovo

UNMIK-Polizei

Im Juni 1999 begannen die Vereinten Nationen damit, die *United Nations Interim Administration Mission in Kosovo* einzurichten (UNMIK; zu deutsch etwa: Übergangsverwaltung der Vereinten Nationen im Kosovo). Mit anderen Worten: Die UNO nahm den Kosovo unter ihre Verwaltung, was sie mit ihrem Mandat auf die UN-Resolution 1244 begründete.

Der Auftrag von UNMIK lautet, Verbindung zwischen UNO und KFOR (*Kosovo Force*, also die UN-Truppen im Kosovo) zu halten sowie gesetzgebende Strukturen im Kosovo zu schaffen. Es entstand die *UNMIK-Police,* eine internationale Polizeitruppe, die sich aus Polizisten von 59 Ländern rekrutiert. Neben der Herstellung und Wahrung von Sicherheit und Ordnung gehört es zu den Aufgaben der *UNMIK-Police*, eine Kosovo-Polizei, den KPS (*Kosovo Police Service)* aufzubauen und auszubilden.

UNITED NATIONS
**United Nations
Interim
Administration
Mission in Kosovo**

UNMIK
POLICE HQ

NATIONS UNIES
**Mission des Nations
Unies au Kosovo
Administration
Interimaire**

Briefkopf der begrenzten (Interim) Mission der UN im Kosovo. Man richtet sich jedoch auf mindestens 7–8 Jahre (2002) ein!

Zwei UNMIK-Polizisten aus Ghana nehmen einen Verdächtigen TMC-Milizionär fest. Er hat bereits die Hände am Rücken (Handschellen). Ein österreichischer Radschützenpanzer *Pandur* sichert.

Internationale Besetzung einer Polizeistation im Kosovo: Deutsche, Nigerianer und Polen.

Mit deutschen Feldjägern und russischen Fallschirmjägern nach nächtlichem Einsatz. Im Hintergrund der unterstützende Radpanzer BTR 70 der 106. Luftsturmdivision.

Freihaltung der NATO-Straße nach Durres in Albanien durch die Bundeswehr.

Der Kosovo

Um das Zusammenspiel zwischen Militär und Polizei im Kosovo verständlich zu machen, müssen wir kurz ausholen: Der Kosovo, Hauptstand Pristina, hat etwa 2,1 Millionen Einwohner, was in etwa einem Viertel der Gesamtbevölkerung des neuen Jugoslawien entspricht. Etwa 30 % der Bevölkerung lebt in Städten.

Der UN-Einsatz gliedert sich in einen militärischen und eine zivilen Bereich. Das *Gesamtkommando der Multinationalen Brigade Süd (MNB S)* – die oberste, von der Bundeswehr gestellte militärische Kommandobehörde – unterteilt seine Kräfte in fünf so genannte *Task Forces* (TF; in etwa Einsatzgruppen) unterschiedlicher Zusammensetzung: TF Zur (deutsch-türkisch), TF Prizren (deutsch), TF Malisevo (russisch), TF Dragas (türkisch-asserbeidschanisch) und TF Dulje (österreichisch-schweizerisch).

Der Auftrag der Brigade lautet:
- Sicherung eines stabilen Umfeldes und Schutz der eigenen Kräfte
- Entwaffnung der Bevölkerung

- Unterstützung der Übergangsverwaltung der Vereinten Nationen (UNMIK) bei der Verbrechensbekämpfung
- Aufbau einer Infrastruktur in Zusammenarbeit mit staatlichen und nichtstaatlichen Hilfsorganisationen
- Überwachung der Grenzen zu Mazedonien und Albanien

Um humanitäre Belange kümmert sich der deutsche CIMIC-Verband *(Civil Military Cooperation)*, während die multinationale Militärpolizei (MP) in

KPF-Substation Mustice. V. l. n. r: Ein amerikanischer Polizist, der Autor, der stellvertretende Postenkommandant, ein deutscher Hauptkommissar; Postenkommandant Bezirksinspektor Riegler von der österreichischen Gendarmerie und ein in Ausbildung befindlicher KPF-Kosovare.

Posten Suva Reka. Nigerianer im Dienst.

»Checkpoint« der Österreicher an der NATO-Straße. Die Kontrolle führt ein österreichischer UN Polizist durch; man beachte die feuerbereite Haltung des rechten Soldaten. Die KPF hält sich im Hintergrund, denn das Fahrzeug war observationswürdig und daher für die KPF problematisch. Das Fahrzeug hat die neuen Kosovo-Kennzeichen – KS = Kosovo. Der Dienst hier ist keine »Hetz«; es kann jeden Augenblick ernst werden. Bei einem eventuellen Fluchtversuch hat der »Sicherer« rechts freies Schussfeld.

Das Berggehöft eines gesuchten und dem Gericht vorzuführenden Kosovaren ist umstellt. Der Postenkommandant von Suva Reka leitet persönlich den Einsatz. Es ist mit Widerstand und Waffengebrauch zu rechnen. Nach österreichischer Tradition und Ausbildung hat er noch die geladene Waffe (Glock 17 keine manuelle Sicherung – Sicherung ist die Tasche) im Holster, aber ist dennoch sofort feuerbereit. Siehe Bild Seite 45 oben.

KFOR/Kosovo. Abzeichen der TF Dulje, »UN Patch«, UNMIK-Polizei, KFOR-Presseausweis. Dieses ehemalige jugoslawische Autokennzeichen (Prizren) wurde vorher von einem Kosovo-Pkw abmontiert und eingezogen (200 DM Strafe).

DNA-Analyse usw. Der Polizeistation angeschlossen ist die MP-Station.

Es wird ganz normale Polizeiarbeit mit einem gewissen »orientalischen Flair« verlangt. Völkerverbindendes wird vorgelebt: Afrikanische und asiatische Polizisten, deren Länder teilweise in kriegerische Auseinandersetzungen miteinander verwickelt sind, arbeiten hier friedlich und kameradschaftlich zusammen.

Zum Dienst wird die Uniform des jeweiligen Landes getragen (Österreich: Gendarmerieuniform), jedoch mit UN-Barett und einem UNO-Abzeichen. Als Bewaffnung dienen die mitgebrachten Dienstwaffen, ansonsten die Glock 17 (2001 kaufte die UNO 3000 Glock 17 an). Die KPS-Polizei im gesamten Kosovo wurde einheitlich mit dem österreichischen Erfolgsmodell ausgestattet und trägt Uniformen, die Dänemark zur Verfügung stellte.

Zusammenarbeit mit der UNMIK-Polizei die Zusammenarbeit zwischen militärischen und zivilen Dienststellen abstimmt und die örtlichen Polizeistationen bei der Verbrechensbekämpfung unterstützt. Generell verfügt das Militär im Kosovo bis zum Einschreiten der UNMIK/KPS über polizeiliche Exekutivgewalt.

Ein Beispiel aus der Praxis:
Der UNMIK-Polizeiposten Suva Reka mit der Substation in Mustice (Musutiste) hat etwa 160 Polizisten: 100 KPS, 60 Internationale und 20 Dolmetscher. Das Gebiet umfasst etwa 40 Ortschaften mit insgesamt etwa 70.000 Einwohnern. Die genaue Einwohnerzahl ist unbekannt ,da es kein Meldewesen gibt.

Postenkommandant ist ein Bezirksinspektor der österreichischen Gendarmerie, sein Stellvertreter ein deutscher Hauptkommissar. Die Rangdiskrepanz erklärt sich daraus, dass der neun bis zwölf Monate dauernde UN-Einsatz in einer »rankless Mission (ohne Berücksichtigung des Dienstgrades) stattfindet. Die Positionen vergibt die UNO vor Ort nach verschiedensten Gesichtspunkten (u. a. Ausbildung).

Jede Polizeistation verfügt über eine Kriminalabteilung, eine Verkehrspolizei, einen Erkennungsdienst, eine Tatortgruppe mit Einrichtungen zur

Carabinieri Multinational Specialised Unit (CMSU)

Diese unabhängige Einheit italienischer Carabinieri wurde auf besonderen Wunsch der Amerikaner zusammengestellt (»created for the Balkan missions upon specific request of SACEUR = Strategic

Air Commando Europe). Diese Carabinieri gehören zum Militär; ihr Chef, Col. Leonardo Leso, war Kommandeur des Carabinieri-Fallschirmregiments »Tuscania«. Nach neun Monaten im Kosovo wurde er am 23. April 2001 von Col. Garelli, vormals Kommandeur des 1. Carabinieri Regiments, routinemäßig abgelöst. Die Einheit CMSU besteht aus 270 Carabinieri und 20 Esten. Entgegen der in Italien üblichen Kfz-Kennzeichnung »Carabinieri« führen die Fahrzeuge ein rotes »M« (Militär).

Die CMSU sollte nicht mit den in Albanien allgemeinen Polizeidienst versehenden Carabinieri verwechselt werden.

Close Protection Unit (CPU)

Diese internationale Personenschutzeinheit verfügt über rund 90 Beamte aus verschiedenen Sondereinheiten (darunter GEK und WEGA). Das Hauptquartier ist in Pristina, wo auch der Hauptbereich ihrer Tätigkeit liegt. Die CPU kümmert sich im Unterschied zum *Special Team 6* in erster Linie um den Schutz bedrohter Personen (z. B. Lokalpolitiker) sowie gefährdeter UN-Funktions- und Entscheidungsträger im Lande *.

UN-*Patch* und Abzeichen des *Special Team 6*.

Special Team 6 (ST 6)

Aufgrund des hohen Gefährdungspotentials von Besuchern, der hohen Gewaltbereitschaft und der großen Anzahl von Waffen im Privatbesitz wurde im August 1999 unter der Organisationsstruktur von *Special Operations* in Pristina das *Special Team 6* (ST 6; Sondergruppe 6) ins Leben gerufen, das aus etwa 20 Beamten vorwiegend deutscher Spezialeinheiten und des GEK besteht. Es handelt sich im Übrigen um die erste, direkt den Vereinten Nationen unterstellte polizeiliche Spezialeinheit dieser Art. Das ST 6 hat 24-Stunden-Bereitschaft und kann von jeder Polizeidienststelle im gesamten Kosovo angefordert werden. Die Einheit ist in der

Lage, jeden Ort innerhalb von zwei Stunden zu erreichen, wobei ihr die beiden UN-Transporthubschrauber gute Dienste leisten.

Zu den Aufgaben des *Special Team 6* gehören:

1. Festnahmen mit erhöhtem
   Gefährdungspotential
Festnahmen, Geiselnahmen und andere polizeilich relevante Situationen, bei denen die Verdächtigen bewaffnet sind, oder angenommen wird, dass diese bewaffnet sind. Die Einheit kommt dann zum Einsatz, wenn Informationen über die besondere Gefährlichkeit der Verdächtigen vorhanden sind.

2. Personenschutz
Personenschutz für hochstehende Persönlichkeiten, wie z. B. Politiker, ausländische Staatsgäste und hochrangige Kosovo-Besucher.

3. Verbindungsaufnahme mit allen Spezialeinheiten von Polizei und Militär im Kosovo

---

* Zu CPU und *Special Team 6* siehe auch *Frank B. Metzner/Joachim Friedrich: Polizei-Sondereinheiten Europas. Geschichte, Aufgaben, Einsätze.* Motorbuch Verlag, Stuttgart 2002. Seite 207 ff.

Oben: Angehörige des ST 6 gehen vor.

Unten: Bei einer Durchsuchung.

Bei den Vorbereitungen
für einen Einsatz.

Männer des *Special Team 6*
seilen sich vom Hubschrauber ab.

Oben: Bereitschaft beim ST 6.

Unten: Anlanden von zwei ST-6-Trupps in Hubschraubern.

Wer sich zum ST 6 melden will, muss folgende Voraussetzungen mitbringen:

- Tätigkeit bei einer Spezialeinheit mit Schwerpunkt Geiselrettung
- Übung im Umgang mit verschiedensten Waffen
- hervorragende physische und psychische Eignung
- ausgezeichnetes Gruppen- und Integrationsverhalten

Das Auswahlverfahren besteht aus drei Hauptteilen:

- Beurteilung der Ausbildung und Erfahrung
- Mündliches Gespräch
- Anspruchsvoller Leistungs- und Schießtest mit dem Mindesterfordernis einer 80-prozentigen Trefferquote

Was sich so einfach in dürre Worte fassen lässt, ist in Wirklichkeit so anspruchsvoll, dass selbst erfahrene Ausbilder von Spezialeinheiten scheiterten. Die Ausfallquote liegt bei über 50 Prozent. Letztlich entscheidet der Gruppenführer unter Einbeziehung des *Teams,* wer aufgenommen wird. Jeder Bewerber wird nur einmal zum Auswahlverfahren zugelassen.

Derzeit besteht die Gruppe aus Mitgliedern der GSG 9, verschiedener deutscher SEK, des österreichischen GEK, der schwedischen NI, der norwegischen Delta sowie der tschechischen URNA.

Die Anzahl der Einsätze seit Bestehen des *Special Team 6* beläuft sich auf ungefähr 200 pro Jahr. Spektakuläre Erfolge waren die Festnahme des Briefbombenattentäters Franz Fuchs 1995 sowie die Festnahme eines gesuchten serbischen Generals, der als UCK-Kämpfer in Kriegsverbrechen verwickelt war.

Dank

Stellvertretend für die »Dienstführenden und Eingeteilten« und alle anderen im Ausland eingesetzten Exekutivbeamten möchte ich den »langjährigen« Postenkommandanten von Suva Reka, Bezirksinspektor Thomas Riegler, an dieser Stelle erwähnen, der mir beispielhaft und offen die Aufgaben und Probleme bei der Arbeit der Polizei im Kosovo zeigte. Ihm und seinen aus verschiedenen Ländern und Erdteilen stammenden Mitarbeitern, seien es z. B. Capitain Richard Tettey / Armoured Car Sqd. aus Accra/Ghana, einem immer freundlichen Polizeipraktiker, oder Michael Keats (USA), dem UNMIC-Sprecher, sei hier nochmals Dank gesagt, Bob aus Schottland nicht zu vergessen. Danke auch den vielen KPS-Polizisten, die nach einer »vertrauensbildenden Aufwärmphase« viel über ihr Land erzählten. Die Kosovaren aller Nationalitäten sagten unisono, dass sie sich ohne UNO sofort wieder bekämpfen würden, begleitet von einer Geste des Halsabschneidens! Ebenso danken möchte ich an dieser Stelle dem damaligen Kommandanten (4. Kontigent) des Lagers Casablanca, Oberstleutnant Konzett, dem PO Hauptmann Tschol und Offiziersstellvertreter Paier (Bundesheer) und seinem Team für die Betreuung. Des Weiteren den Offizieren, Unteroffizieren und Mannschaften der russischen 106. Luftsturmdivision, bei der ich mich wirklich frei bewegen und mit der ich die Zusammenarbeit mit der UNMIK und den deutschen Feldjägern bei Tag und Nacht mit »Patrullahs« auf einem BTR 70 und zu Fuß erleben konnte. Natürlich auch dem schweizer Fachoffizier, der mir anfangs als Russischdolmetscher von der Swiss Coy/PO zur Verfügung gestellt wurde, bis sich herausstellte, dass die Russen sehr wohl Englisch und noch besser Deutsch verstanden! Für die internationale äußerst kameradschaftliche und positive Zusammenarbeit hatte ein hoher russischer Offizier nur einen Satz: »Wenn ich, als ich 1981 die Kriegsschule besuchte, nur entfernt an so etwas gedacht hätte, wäre ich bereits an die Wand gestellt worden!« Damit würdigte er besonders die hervorragende deutsch-russische Zusammenarbeit. Danke auch der deutschen Heeresfliegerabwehrkompanie/Morinapss (siehe Artikel DWJ 7/2001), zu deren Aufgabe neben der Grenzsicherung das Offenhalten der NATO-Straße »Copper« tief nach Albanien hinein gehörte, oder den Patrouillen im Gebirge mit der gepanzerten Jägerkompanie des AUCON. Ich kann nur wenige Namen unter vielen nennen, die miteinander für den Frieden wirkten und immer noch wirken.

Der Verfasser

Wolfdieter Hufnagl, Jahrgang 1944, stieg 1958 bei den Österreichischen Bundesbahnen (ÖBB) als Signalmechaniker-Lehrling ein, um später Fahrdienstleiter und Bahnhofvorstand eines Ausbildungs-/Schulungsbahnhofes zu werden. Er engagierte sich u. a. im Pressedienst der Bahn (Organisation 150 Jahre ÖBB, Aufbau eines Presseinfosystems) und beim Aufbau eines funktionierenden Schnellbahnsystems in Niederösterreich. 1994 erhielt er den Marketingpreis für ein dreijähriges Schulprojekt und stieg im gleichen Jahr in die ÖBB-Generaldirektion auf (Planung und Wirtschaft). Letzter Dienstgrad Oberinspektor. Seit Ende 1996, nach einem Schwerstunfall der Gattin, in Pension; zwei Kinder.

Wolfdieter Hufnagl

Mit dem Bundesheer steht der Miliz-Vizeleutnant seit Jahrzehnten in enger Verbindung; derzeit als Informationsoffizier beim Militärkommando Wien. Als Stellvertreter des Oberschützenmeisters beim Heeressportverein Wien kann er sich einem seiner zahlreichen Steckenpferde widmen, dem Sportschießen mit Lang- und Kurzwaffen, das in harter Konkurrenz zum Restaurieren militärischer Pkw (z. B. DKW Munga, GAZ 69, UAZ 469) steht.

Die Mitgliedschaft bei der österreichischen Presse- und Autorenvereinigung *Concordia* belegt seine Liebe zur Dokumentation in Wort, Schrift und Bild. Als freier Journalist und Lokalredakteur war er unter anderem elf Jahre für die *Niederösterreichischen Nachrichten* tätig. Zu den Höhepunkten seiner Pressetätigkeit gehörten Besuche verschiedener Kriegs- und Krisengebiete, darunter Südostasien (1966) und der Balkan (Albanien 1999, Kosovo 2000, 2001).

Von Redakteuren und Lektoren wegen der chaotischen Manuskripte und seiner absolut unleserlichen Handschrift gleichermaßen gefürchtet wie ob seines unvergleichlichen Organisationstalents bewundert, machte er sich als Verfasser und Mitverfasser zahlreicher Veröffentlichungen einen Namen. Neben Berichten zur Geschichte der Bahn in Österreich und verschiedenen Artikeln über Waffentechnik (z. B. im DWJ), sind es vor allem die waffen- und zeitgeschichtlichen Dokumentationen, die im Motorbuch Verlag erschienen:

- U.S. Karabiner .30 M1 – Waffe und Zubehör (1994)
- Spezialeinheiten der österreichischen Polizei und Gendarmerie (1999)
- Jagdkommando – Sondereinheiten des österreichischen Bundesheeres (2. Auflage 2001)
- COBRA – das Gendarmerieeinsatzkommando GEK (2002)

Mal sehen, was er als Nächstes auf der Pfanne hat.

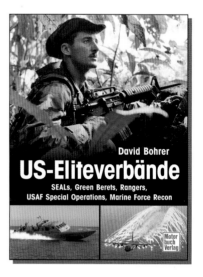

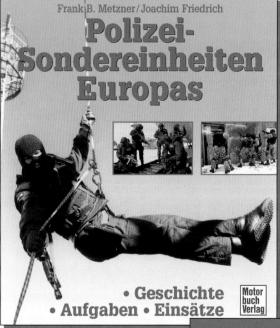

DISTINKTIONEN und ABZEICHEN des

Inspektor

Revierinspektor

Gruppeninspektor

Bezirksinspektor

Leutnant

Oberleutnant

Hauptmann

M

Leistungsabzeichen

Taucherabzeichen in Silber

Taucherabzeichen in Gold

Ärmelaufnäher